Claude Debussy
SONGS
1880-1904

Claude Debussy
SONGS
1880-1904

Edited, with translations of the texts, by
RITA BENTON

Dover Publications, Inc.
New York

To the memory of
Rita Benton (died 1980)
Music Librarian and Professor of Music
at the University of Iowa

This Dover edition, first published in 1981, is a new selection of
songs reproduced directly from editions of the sheet music (see Con-
tents for original publishers and publication dates of the works included). The selection, preface ("Debussy and His Songs"), bibliog-
raphy and text were prepared specially for the present edition by Rita
Benton.

International Standard Book Number: 0-486-24131-9
Library of Congress Catalog Card Number: 81-65530

Manufactured in the United States of America
Dover Publications, Inc.
180 Varick Street
New York, N.Y. 10014

Debussy and His Songs

When compared with the artistic creations of other outstanding composers, the complete works of Claude Debussy (1862–1918) are not numerous: one opera *(Pelléas et Mélisande)*, two sets of incidental music, three ballets, a few orchestral and choral works, one string quartet, three sonatas for various combinations, four works for wind instruments and — in considerable number — only the piano pieces and the songs for voice and piano. In spite of this small yield, Debussy's originality and mastery are generally recognized, increasingly in recent years. At a time when German music had long dominated the scene, he succeeded in reviving French musical prestige worldwide, so that students who would formerly have gone to Germany or Austria to study began flocking to Paris for instruction and enrichment. They contributed in turn to the city's predominant position as a flourishing musical center of a concentration not seen since the eighteenth century.

Of the many labels that have been attached to Debussy's style — impressionistic (one he disliked, derived by analogy with painting), pointillistic (also from painting), expressionistic, exotic, romantic, neo-classic, nationalistic and symbolistic — only the last two may be applied with any consistency. His critical articles frequently demonstrate his preoccupation with the illustrious past of French music, as well as with its qualities and the kind of future he desired for it. He returned again and again to the attributes he considered fundamental and peculiar to French genius: clarity, conciseness and precision.

Many forces may be recognized as having influenced Debussy's music, among them French folk song, Gregorian chant, Javanese gamelan music, Mussorgsky, popular song, ragtime, Rameau and salon music. The inspiration derived from painting was by his own admission small. On the other hand, his connection with poets, particularly those of the literary movement known as symbolism, and including Pierre Louÿs, Mallarmé, Rimbaud and Verlaine, were extremely close. Other writers who were significant for his development were Théodore de Banville, Paul Bourget, Anatole France and Edgar Allan Poe. Even during his conservatory days Debussy preferred literary circles to the company of musicians; according to the testimony of composer Paul Dukas, "The strongest influence on Debussy was that of writers, not musicians." The literary association is evident in Debussy's choice of genres; especially if one also takes into account the works left unfinished by the composer, the predominance of compositions with a text is striking. Even among his instrumental works, many appeared with titles that are descriptive or that contain references to writers like Shakespeare, Dickens or James M. Barrie, in addition to the French authors that might be expected. Besides writing a few of his own song texts, Debussy used the name "Monsieur Croche antidilettante" (an invention adapted from Verlaine) as an active contributor to several journals, most of them literary rather than exclusively musical.

In a letter to his wife Emma, Debussy explained his conception of the role of music in the collaboration with a text as "beginning at the point where the word is incapable of expression; music is made for the inexpressible. I would like it to appear as if coming out of the shadows and from time to time returning there, while always remaining a discrete presence."

Debussy's exceptional empathy for poetry and his genius for expressing its essence in music may have been unsurpassed by any other composer (only Hugo Wolf has been suggested as a possible rival in this capacity). For singers Debussy's songs therefore offer a particular pleasure as well as a simplification: since words and music always agree, conflict is avoided and the song's message is more easily conveyed. For pianists the music presents interesting and independent patterns that contribute vastly to the atmosphere and expression of the text.

The songs included here were set mainly to texts by Debussy's approximate contemporaries. For one set, the *Proses lyriques*, the composer supplied his own texts and in another, the *Trois chansons de France*, he uses charming old poems by Charles d'Orléans (fifteenth century) and Tristan Lhermite (seventeenth century). In this last group may be noted the slightly archaic spellings of the poets' times; these should, however, offer little difficulty in pronunciation.

RITA BENTON

Selective Bibliography

For those who wish to read more about some of the points raised in the statement above, the following brief list of titles (with emphasis on works in English) is particularly recommended:

Austin, William W. *Music in the 20th Century from Debussy through Stravinsky.*
New York: W. W. Norton, 1966.

Bathori, Jane. *Sur l'interprétation des mélodies de Claude Debussy.*
Paris: Editions Ouvrières, 1953.

Bernac, Pierre. *The Interpretation of French Song.* Translated by W. Radford.
London: Victor Gollancz, 1976.

Debussy, Claude. *Debussy on Music. The Critical Writings . . .* collected
and introduced by François Lesure, translated and edited by Richard
Langham Smith. New York: Alfred A. Knopf, 1977.

Hall, James Husst. *The Art Song.*
Norman: University of Oklahoma Press, 1953 (reprint 1974).

Lesure, François. *Catalogue de l'œuvre de Claude Debussy.*
Geneva: Editions Minkoff, 1977.

Lockspeiser, Edward. *Debussy: His Life and Mind.*
London: Cassell, 1962.

Vallas, Léon. *Claude Debussy: His Life and Works.* Translated by Maire and
Grace O'Brien. Oxford University Press, 1933 (Dover reprint 1973).

Wenk, Arthur B. *Claude Debussy and the Poets.*
Berkeley: University of California Press, 1976.

Contents

The publishers and dates of publication indicated are those of the first editions.

Claude Debussy

SONGS

1880-1904

See parts, p.208

BEAU SOIR

Poésie de

PAUL BOURGET

Musique de

CL. A. DEBUSSY

B as Kopfton; no descent.

Andante ma non troppo.

PIANO.

Lorsque au so_leil cou_chant   les ri _ viè _ res   sont

ro _   ses,   Et qu'un tiè _ de fris _ son court sur les champs de

1

blé, _____

Un conseil d'être heureux semble sortir des

cho _ ses Et mon _ ter vers le cœur ____ trou _

_ blé Un con _ seil de goûter le char _ me d'être au

mon _ de Ce _ pen _ dant qu'on est jeune et que le soir est

Mandoline

Poésie de PAUL VERLAINE

Musique de
CLAUDE DEBUSSY

_ses_____ C'est Tir_cis et c'est A_min _

_ te, Et c'est l'é_ternel Cli _ tan _ _ _ _ _ _

_ dre, Et c'est Da_mis qui pour main_te Cru_el _ le

fait maint vers ten _ dre._____

Leurs cour _ tes ves _ _ _ tes de soie, Leurs lon _ gues

ro _ bes à _ _ _ _ queu _ _ es, Leur é _ lé _ gan _ _ ce, Leur

joi _ e Et leurs mol _ les om _ _ bres

bleu _ _ _ es, Tour _ bil _ lon _ nent dans l'ex _ ta _ se

D'u_ne lu_ne rose ___ et gri ___ se, Et la man_do_

_li_ne ja_se par_mi les fris_sons de bri ___

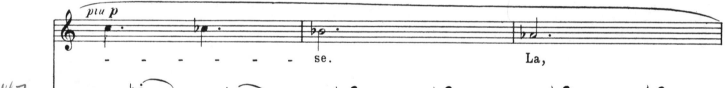

_____ se. La,

più p

la, la, la, la, la, la, la, la, la, la, la, _____

pp

la, la la, la la, la la, la la,

sempre pp

la la

la la la

toujours en allant se perdant

la

8

I

Le vent dans la plaine
Suspend son haleine.
(FAVART)

ACH. DEBUSSY.

CHANT.

PIANO

Lent et caressant.

C'est l'ex _ ta _ se langou _ reu _ se

C'est la fa _ tigue   amou _ reu _ _ se

Un poco mosso.

C'est tous les fris _ sons des bois Par _ mi l'étrein_te des bri _ ses   C'est, vers les ra_

II

Il pleut doucement sur la ville
ARTHUR RIMBAUD.

ACH. DEBUSSY.

-gueur   Qui   pé - nè -

- tre   mon   cœur

O   bruit   doux   de   la   plui -

e Par terre et sur les toits!

Pour un cœur qui s'en — nui — e

O le bruit de la

pluie! _____ Il pleu _ re

sans rai _ son

Dans ce

cœur qui s'é _ cœu _ _ _

_ re Quoi! _____ nulle trahi _ son?

Mod.to p ad libitum.

Ce deuil est sans rai - son

Revenez au 1er Mouv!

1° Tempo.

C'est bien la pi - re pei - ne De ne

sa - voir pour - quoi, sans a - mour et sans

16

hai - - - ne,   Mon cœur a tant de

pei - - - ne

III

Le rossignol qui du haut d'une
branche se regarde dedans, croit
être tombé dans la rivière. Il est
au sommet d'un chêne et toutefois
il a peur de se noyer.
        CYRANODE BERGERAC.

ACH. DEBUSSY.

CHANT.

Lent et triste.

PIANO.

pp

L'ombre des ar _ bres dans la ri _

_vière embrumé _ e   Meurt comme de la fu _ mé _ e,   Tan _ dis qu'en l'air, par _

_mi les ramures réelles   Se plaignent les tourterel _ les   Com.

sempre dolcissimo.

18

19

IV

CHEVAUX DE BOIS

ACH. DEBUSSY.

son   des hautbois   L'enfant   tout rou _ ge   et la mè _ re

blanche Le   gars   en   noir   et   la fille en   ro _ se   L'une   a   la

chose   et   l'autre a   la   po _ se,   Cha _ cun   se   paie   un   sou   de   di _

_ man _ che   Tour _ nez,   tournez.   chevaux de leur cœur, Tan _

_dis qu'au _ tour de tous nos tournois Cli _ gno _ te l'œil du fi _ lou sournois Tour — nez au son du pis _ ton vain — queur! C'est é _ tonnant comme ça vous soû _ le D'al _ ler ain _ si dans ce cirque bé _ te:

Rien dans le ventre et mal dans la tê _ te, Du mal en masse et du bien en

fou _ _ le Tour _

_ nez da _ das, sans qu'il soit besoin Du _ ser ja _ mais de

nuls é _ pe _ rons Pour com _ man _ der à vos ga _ lops ronds Tour _

Tempo ritenuto poco a poco.

_nez, tour _ nez, sans es _ poir de foin

Et dé _ pé _ chez, che _ vaux de leur

a _ _ _ me Dá _ jà voi _ _

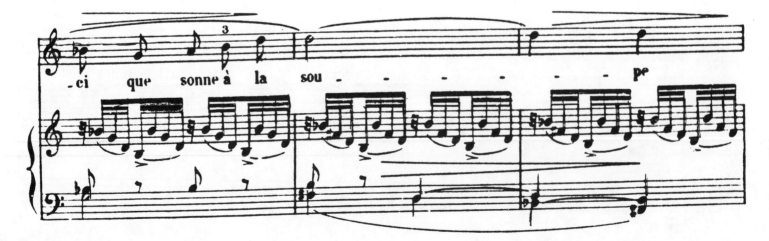

_ci que sonne à la sou _ _ _ _ pe

or se vêt len_te_ment _____ L'E_gli_se

tinte_ un_ glas tris_te_ment. Tournez au son joyeux des tam_

_bours _____ tour_ nez. _____

V

GREEN

ACH. DEBUSSY.

Voi_ci des fruits des fleurs des feuilles et des bran_ches Et puis voi_ci mon cœur

qui ne bat que pour vous ___ Ne le dé_chirez pas a_vec vos

deux mains blanches, Et qu'à vos yeux si beaux ___ l'humble présent soit doux.

27

J'ar _ ri _ ve

tout cou _ vert en _ co _ re de _ ro _ sé _ _ e   Que le vent du ma_

_tin vient glacer à mon front   Souffrez que

ma fa _ ti _ gue   a vos pieds re_po _ sé _ _ e   Rê_ve des chers instants qui

VI

SPLEEN

ACH. DEBUSSY.

Les roses étaient toutes

rouges,   Et les lierres étaient tout noirs.   Chère pour peu que tu te

bouges, Renais _ sent   tous mes désespoirs   Le

ciel   était trop bleu, trop tendre   La mer trop verte et l'air trop doux

Je crains toujours ce qu'est d'atten_dre Quelque fuite a_troce de

vous Du houx à la feuille vernie Et du luisant buis je suis

las, Et de la campagne in_fi _ ni _ e Et de tout, fou de

vous, Hé_las!

Le Balcon

Tu te rap_pel_le_ras la beau_té des ca_

_res_ses, La dou_ceur du fo_yer et le charme des soirs,

Mè_re des sou_ve_nirs, maîtres_se des maî_tres_ses,

Les soirs il_lu_mi_nés par l'ardeur du char_bon,

Et les soirs au bal _ con, voilés de vapeur ro _ se.

Que ton sein m'é_tait doux! que ton cœur m'é_tait bon!

Nous a_vons dit souvent _____ d'im_pé_ris_sa_bles

cho _ ses

Les soirs il_lumi_nés par l'ardeur du char_bon

34

Moto poco a poco

Que les so _ leils sont beaux _ par les chaudes soi_

_ reés! Que l'es_pa _ ce est pro _ fond! que le cœur est puis _ sant!

En me penchant vers toi, rei _ ne des a_do_ré_es, Je cro_

_ yais res_pi_rer _____ le par_fum de _____ ton sang.

Que les so_leils sont beaux__ par les chaudes soi_ré_es!

La nuit s'é_pais_sis_sait ain_si qu'une cloi_son,

Et mes yeux dans le noir de_vinaient tes pru_nel__les,

Un poco moto

Et je bu_vais   ton   souf _ fle,   O dou_ceur,

ô poi_son!   Et   tes   pieds s'endor_ maient dans mes mains ___ frater_

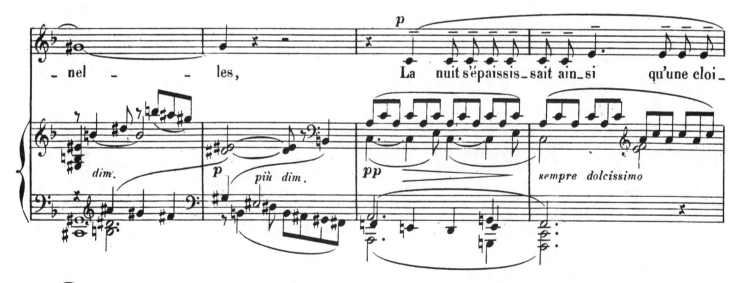

_nel _ _ les,   La nuit s'épaissis_sait ain_si   qu'une cloi_

_ son

Poco a poco animato *e crescendo*

Je sais l'art d'évo_quer les minutes heureu_ses,

Et re_vis mon pas_sé blot _ ti dans tes genoux.

Car _ à quoi

bon cher cher tes beautés langoureu_ses

Ailleurs qu'en ton cher corps et qu'en ton

coeur si doux?

Je sais l'art dévo_quer les minutes heureu_ses!

Ces ser_

_ments, ces par_fums, ces bai_sers in_fi_nis.

Re_naî_tront — ils d'un gouffre in_ter_dit à nos son_des Com_me

Harmonie du Soir

Val_se mé_lan_co _ lique et lan_gou_reux ver _ ti _ ge

animez un peu

Cha_que fleur s'éva _ pore ain_si qu'un en_cen_soir;

animando poco a poco

Le vi_o _ lon fré_mit comme un cœur qu'on af_fli _ ge

poco string.

poco cre _ scen _ _ do

Val _ _ se mé_lan_co _ lique et lan_gou_reux ver _

Calmato

-cueil _ _ le tout ves _ ti _ ge _

Le soleil s'est no _ yé dans son sang qui se fi_ge

Ton sou_ve_nir en moi luit comme un os_ten_soir._

Très retenu

lentement arpege

Le Jet d'Eau

Dans la cour le jet d'eau qui ja _ se Et ne se tait ni nuit ni jour

En _ tre _ tient dou _ ce _ ment l'ex _ ta _ se

Où ce soir m'a plon _ gé l'a _ mour

La ger _ _ be

d'eau qui ber _ ce Ses mil le fleurs, Que la

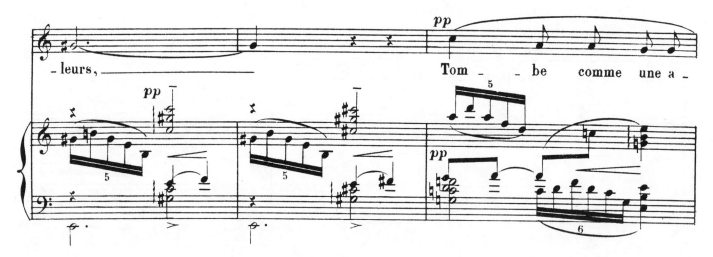

lu _ ne tra _ ver _ se De ses pa _

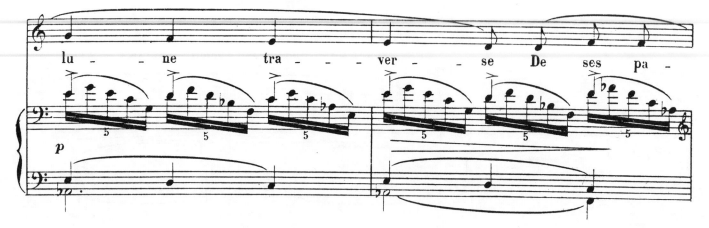

_ leurs, _____ Tom _ be comme une a _

_ ver _ se De lar _ _ _ ges

ber _ ce Ses mil _ le fleurs, Que la lu _ ne tra _ _ _

_ver _ _ se De ses pâ _ leurs _____

Tom _ _ be comme une a _ ver _ se De

lar _ _ _ _ _ ges pleurs. _____

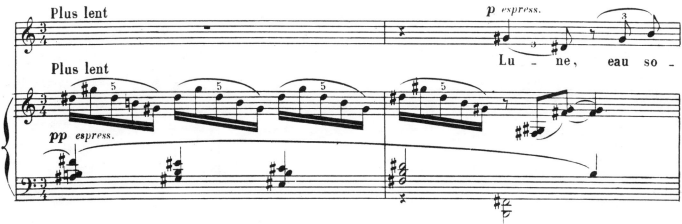

mon amour._____ La ger_be d'eau qui ber _ ce Ses mil_le fleurs, que la

lu _ ne tra _ ver _ se De ses pâ _ leurs_____

Tom _ be comme une a _ _ ver _ se De

lar _ _ _ ges pleurs._____

Recueillement

59

La Mort des Amants

leurs derniè _ res, Nos deux cœurs seront deux vastes flambeaux, _ Qui ré _ flé _ chi _

_ ront leurs doubles lumières Dans nos deux esprits ces miroirs ju_meaux   Un soir fait de

cre _ scen _ do

rose et de bleu mys_ti _ que, Nous é_changerons un é _ clair u_ni _ que   Comme un long san_

molto diminuendo

_ glot tout char _ gé   d'a _ dieu

Poco rit.

Un poco più mosso

Un poco più mosso

Et plus

sempre pp

m.d.

poco a poco cre _ _ scen _

tard un an _ ge, en _ trouvant les por _ tes, Vien_dra r'ani _ mer, fi _

poco a poco cre _ scen _

molto espress.
mp

_ dèle et jo _ yeux, Les mi _ roirs ternis et les flam_mes mor _

do

do

mg. 8

mp molto espress.

_ tes

morendo e ritenuto

più p

pp m.d.

pp m.d.

pp m.d.

ppp m.d.

pp

FIN

LES ANGELUS

Poésie de **G. LE ROY**

Musique de **CL. A. DEBUSSY**

Vous é_tiez de si dou_ces fo _ li _ es!

Et chante_rel _ les d'a _ mour prochai _ _ nes!

en augmentant un peu.

Aujour _ d'hui sou_ve _ raine est ma pei _ ne, Et tou_tes ma

en augmentant un peu.

très dim.

ti _ nes a_bo _ li _ _ es.

Je ne vis plus que d'ombre et de soir; Les las an - ge - lus pleurent la mort, Et là, dans mon cœur ré - si - gné, dort La seu-le veu - ve de tout es - poir

Dans le Jardin.

Poésie de Paul Gravollet.

Musique de Claude Debussy

Je m'é-gra-ti-gnais aux é-pi-nes, Mes doigt sai-gnaient a-vec les mû-res,

Et ma souffrance e-tait di-vi - ne:

Je vo-yais ton front de ga-mi-ne, Tes che-veux d'or et ton front

Retenu.

pur!____ Gran - dette et pour

-tant pue - ri - le, Coquet - te d'in - stinct seu - le - ment,

Revenez peu à peu au Tempo I.

doux et caressant

Les yeux bleus om - brés de longs cils Qui re -

gar - dent tout gen - ti - ment,____ Un

corps un peu frêle et char - mant, U - ne voix de

cre - - scen - - do

mai, des ges - tes dа - vril!

più cresc. - - - f

Tempo I.

Je re - gar

pp subito

3 3

- dais dans le jar - din, Fur - tif, au tra - vers de la

rit. - - -

haie; _____ Je t'ai vue en-

-fant'! et sou-dain Mon coeur tres-sail - -

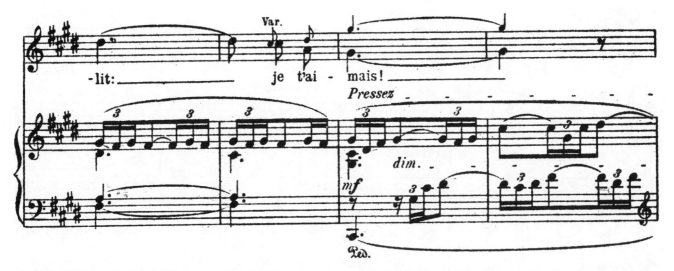

-lit: _____ je t'ai - mais! _____

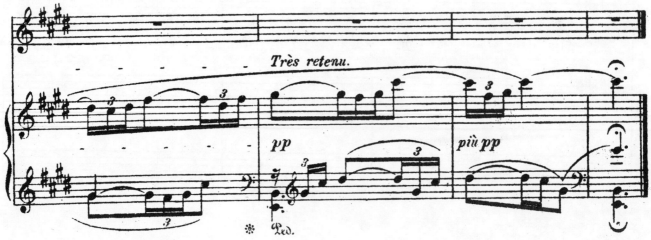

Romance

❱❱❱❰❰❰

Poésie de PAUL BOURGET

Musique de
CLAUDE DEBUSSY

Où donc les vents l'ont-ils chas_sée, Cette âme a_do_ra_ble des

lis? N'est - il plus un par_fum qui res___te

Tempo rubato (meno mosso)

De la su_a_vi_té cé_les__te Des jours où tu m'en_ve_lop_

-pais D'u _ ne va _ peur sur _ na _ tu _ rel _ _le

Fai _ te d'espoir,   d'a_mour fi_dè _ le   De bé_a_ti _

_tude _____ et de paix?

Les Cloches

Poésie de PAUL BOURGET

Musique de
CLAUDE DEBUSSY

Les feuil _ les s'ou_vraient sur le bord des bran _ ches, Dé _ li _ ca _ te _ ment, Les clo_ches tin_taient, lé _ gè_res et fran_ches, Dans le ciel clé _ ment.

Ryth _ _ _mique et fer _ vent comme une an _ ti _

_en _ _ _ ne, Ce loin _ tain ap _ pel Me re _ mé _ mo _

_rait la blancheur chré _ tien _ ne Des fleurs de l'au _ tel.

Un peu plus lent

Ces clo_ches par_laient d'heu_reu_ses an_né _ _ _ _ es, Et dans le grand bois Sem _ _ blaient re_ver _ _dir les feuil_les fa_né _ _ _ es Des jours d'autre_fois.

doux et expressif

cresc.

dim.

1º Tempo

Fêtes Galantes

EN SOURDINE

PAUL VERLAINE

CLAUDE DEBUSSY

78

_mi Chasse à ja_mais tout des_sein.

Molto dim.

pp

Intimement doux

Lais_sons_nous per_su_a_der Au

souf_fle ber_ceur et doux Qui vient à tes pieds ri_

Poco cresc.

Poco cresc.

_der Les on_des de ga_zon roux.

Un peu plus lent

mf Dim.

p

Et quand so _ len _ _ nel, le soir, Des chê _ nes

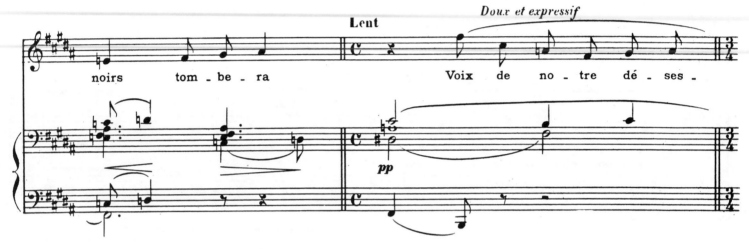

noirs tom _ be _ ra

Lent *Doux et expressif*

Voix de no _ tre dé _ ses _

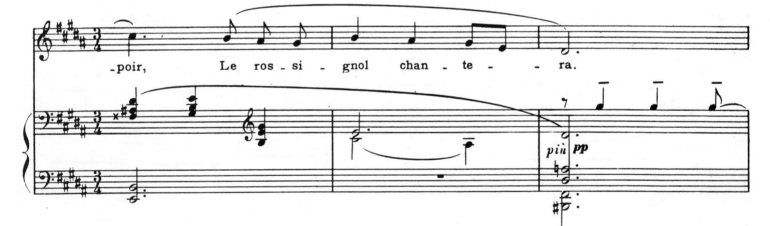

_poir, Le ros _ si _ gnol chan _ te _ _ ra.

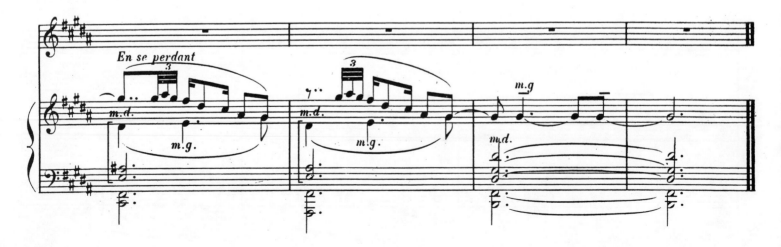

En se perdant

FANTOCHES

à Madame LUCIEN FONTAINE

PAUL VERLAINE   **CLAUDE DEBUSSY**

Ce — pen — dant l'excellent doc — teur Bo—lonais

cueille a — vec len — teur Des sim — ples

par — mi l'herbe bru — — — — — ne.

Lors sa fil — le, pi — quant mi —

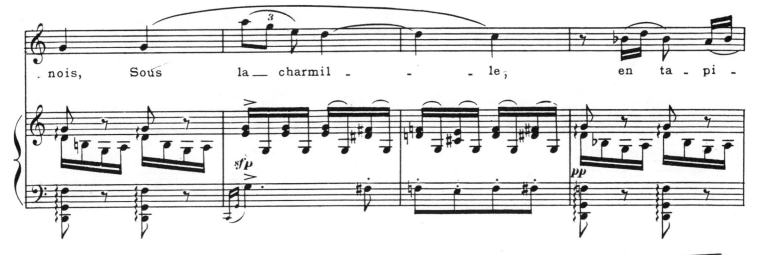

nois, Sous la charmil _ _ _ le, en ta_pi_

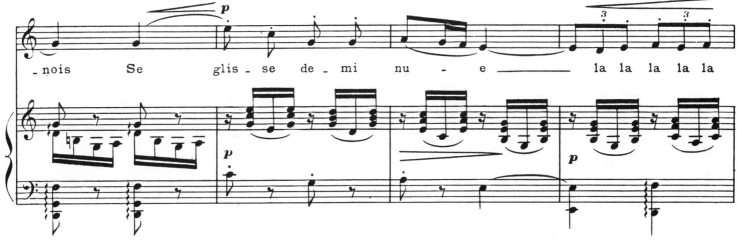

_nois Se glis_se de_mi nu_e _ _ la la la la la

la la la la la la la _ _ _ _ en quê _ _ _

_te De _ son _ beau_ pi_rate es_pa_gnol Dont _

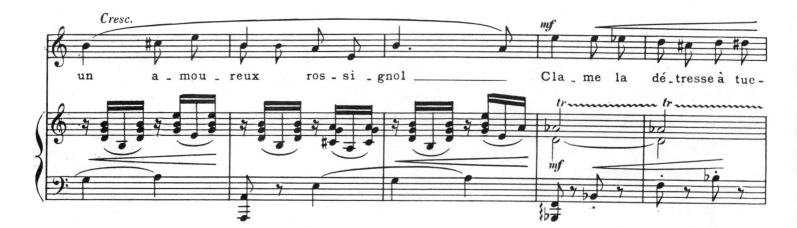

un a_mou_reux ros_si_gnol _____ Cla_me la dé_tresse à tue-

tê _ _ _ _ te.

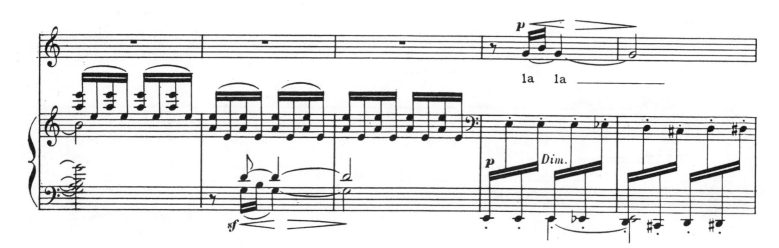

la la _____

la. _____

CLAIR DE LUNE

PAUL VERLAINE

à Madame ARTHUR FONTAINE

CLAUDE DEBUSSY

Votre âme est un pa _ y _ sa _ ge choi _ si Que

vont _____ charmant mas _ ques et ber _ ga _ mas _ ques

Jou_ant du luth et dan_sant et qua_si

Tris _ _ tes sous leurs dégui_se_ments fantas _ _ ques.

Tout en chantant sur le mo _ de mi _ neur L'a_mour vain _

_queur _____ et la vie op _ por _ tu _ _ _ ne

Ils n'ont pas l'air de croire à leur bon_heur,

Et leur chan_son se mêle au clair de lu _ _ _ ne,

Au cal _ me clair de lu _ _ ne triste et

beau, Qui fait rê _ ver les oi _ seaux dans les

ar _ _ bres   Et   san _ glo _ ter   d'ex _ ta _ se les jets

d'eau _____   Les grands jets d'eau svel _ _ tes par _ mi les

mar _ _ _ _ _ bres.

Morendo

M.G.

M.G.

LA MER EST PLUS BELLE.

(Edition pour Mezzo-Sopr. ou Baryton.)

à ERNEST CHAUSSON.

Poésie de
PAUL VERLAINE.

Musique de
CL . DEBUSSY.

La mer est plus bel _ _ _ le Que les ca _ té _

dra _ _ _ les,

Nour_ri_ce fi_dè _ le, Ber _ ceu_se de râ _ _ _ les, La

mer sur qui prie La Vier _ ge Ma _

_ri _ _ _ e!

Elle a tous les dons Ter _ ri_bles et doux.

J'en_tends ses par_dons Gron _ der ses courroux. Cette im_

_men _ si _ té _____ n'a rien d'entê_té.

très retenu.

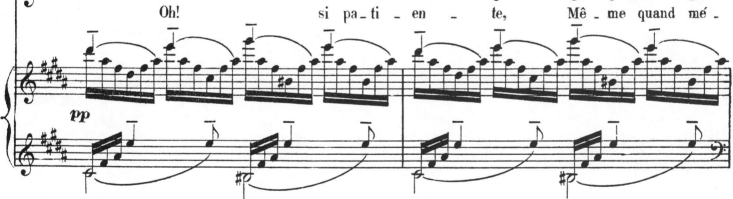

calme et doux. **p**

Oh! si pa_ti_en_te, Mê_me quand mé_

_chan_te! Un souffle a_mi

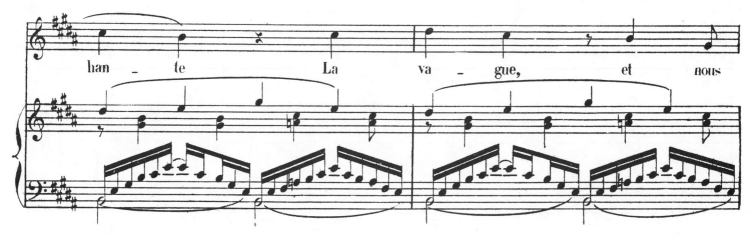

han _ te La va _ gue, et nous

p Lent.

chan _ te : «Vous sans es _ pé _ ran _ ce,

pp *ppp*

Revenez au 1er mouv^t

Mou _ rez sans souf _ fran _ _ _ ce!»

p

Et puis, sous les

p

92

cieux   Qui s'y ri _ ent plus clairs,   Elle

p très espressif.

a   des airs bleus,   Ro _ ses,   gris et

En retenant jusqu'à la fin.

verts...   Plus   bel _ le que

tous,   Meil _ leu _ re que nous!

TROIS MÉLODIES

Nᵒ. 2.

à Robert GODET.

Poésie de
PAUL VERLAINE.

Musique de
CL. DEBUSSY.

Lent et dolent.

Le son du cor s'affli _ge vers les bois D'une douleur on veut croire orphe _

_ li _ ne Qui vient mou_rir au bas de la col _ li _ ne Par _ mi la

bise er_rant en courts a _ bois.

Un peu animé.

L'à_me du loup pleure dans cet_te

voix   Qui   monte a_vec le so_leil qui dé _ cli _ _ ne

D'une ago_nie on veut croire ca _ li _ ne Et qui ra _ vit   et qui navre à la

1er Mouvement.

fois.   Pour fai_re mieux   cet_te plainte assou

pi _ e
La nei_ge tombe à longs traits de char _ pi _ e
A tra_

_vers le couchant sanguinolent,

Et l'air a l'air d'être un soupir d'automne

Tant il fait doux par ce soir mono_

_to _ ne
Où se dor _ lote un pa_y_sa_ge lent.

en mourant.

très soutenu.

Lent.

TROIS MÉLODIES

Nº 3.

à Robert GODET.

Poésie de
PAUL VERLAINE.

Musique de
CL . DEBUSSY.

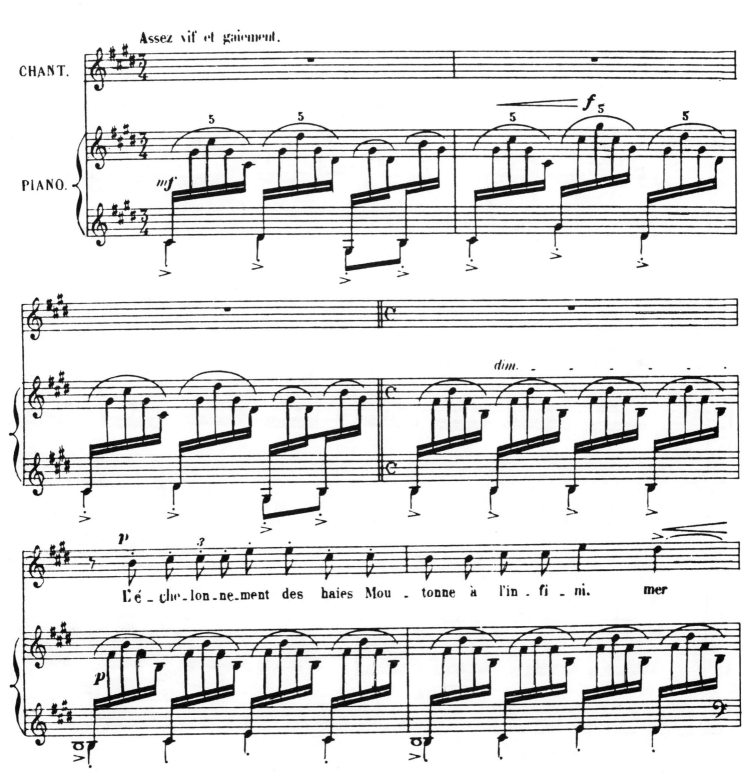

L'é _ che _ lon _ ne _ ment des haies Mou _ tonne à l'in _ fi _ ni. mer

Clai _ re dans le brouil_lard clair _____ Qui sent bon les jeu _ nes

baies.

Des ar _ bres et des moulins Sont lé _ gers sur le vert ten _ dre

Où vient s'é _ battre et s'é_ten _ dre L'a_gi _ li _ té des pou_lains.

Dans ce va _ gue d'un Di _ man _ che Voi_

_ci se jou _ er aus _ si De grandes bre_bis aus _ si

en retenant. 1er Mouv^t

Dou_ces que leur lai _ ne blan _ che.

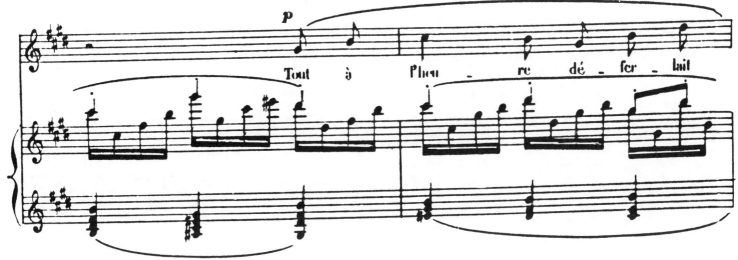

Tout à l'heu _ re dé _ fer _ lait

PROSES LYRIQUES

CLAUDE DEBUSSY

Andantino.

A Cel_le qui vient de pas-

p doux et expressif.

pp

_ser, la tête em _ per _ lé _ _ e,

Mainte_nant na _ vré _ _ e, à ja_mais na _ vré _ _ e,

Ils n'ont pas su

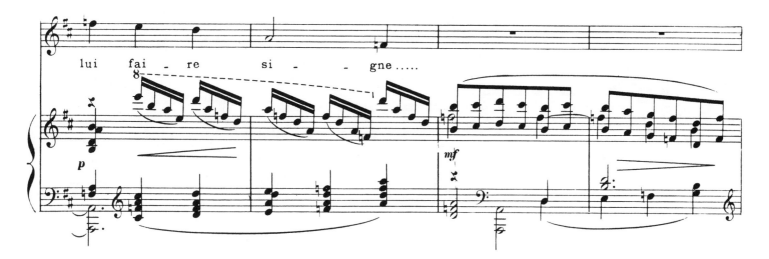

lui fai _ re si _ gne.....

Un peu animé.

Tou _ tes!   El _ les ont pas _

un peu en dehors.

_ sé: les Frê _ les,   les Fol _ les,

Semant leur rire au gazon grê _ _ _ le, aux brises frôleu _ ses

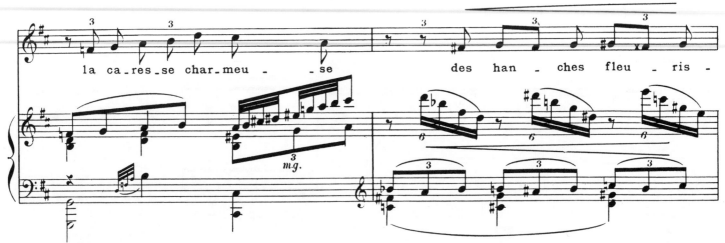

la ca_res_se char_meu _ _se des han _ ches fleu_ris _

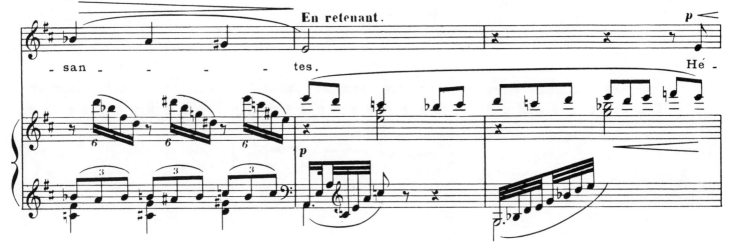

En retenant.

_san _ _ _ tes. Hé _

Plus retenu.

_las! de tout ce _ ci, plus rien qu'un blanc fris _

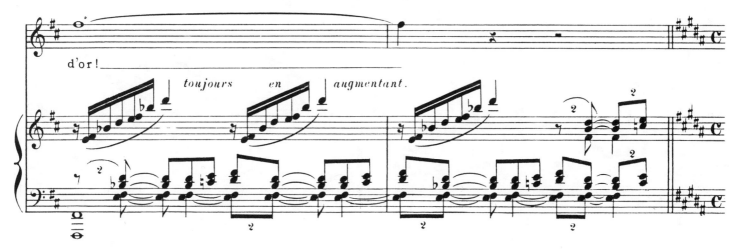

d'or　　　Mainte_nant ternis,　　　à ja_mais ternis.

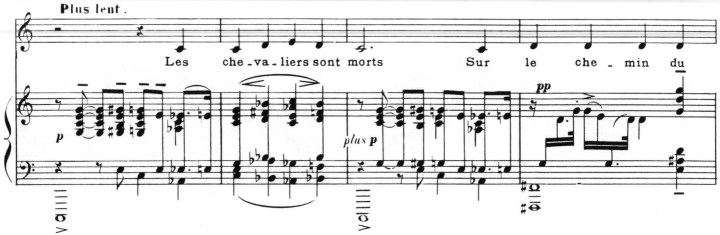

Plus lent.

Les che_va_liers sont morts　　Sur le che_min du

Grâal!

Très retenu.
en s'éloignant

1er Mouv!

La

nuit a des douceurs de fem _ me,　　　Des mains

p **Très doux.**

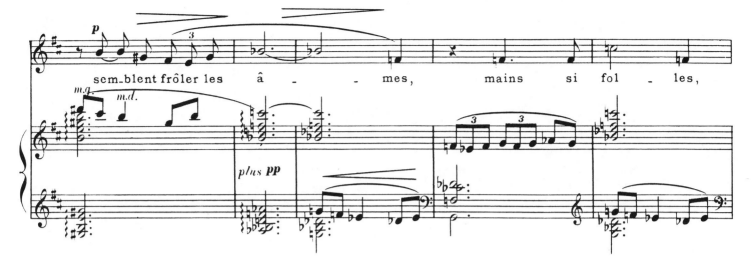

sem_blent frôler les â _ _ mes, mains si fol _ les,

En auimant.

si frê _ les,
Cre _ _ scen _ do

Au

temps où les é _ pé _ _ es chan _ taient pour

El _ _ _ les!

très dim. _

très dim.

D'é _ tran _ ges sou _ pirs s'é _ lè _ vent sous les ar _ bres.

p dim.

1er Mouv^t

p

Mon â _ me c'est du

pp doux et expressif.

rêve an_ci_en qui t'é _ treint!

pp

ppp

m.d.

en se perdant

m.g.

m.d.

m.g.

pppp

De grève...  (à Raymond BONHEUR).

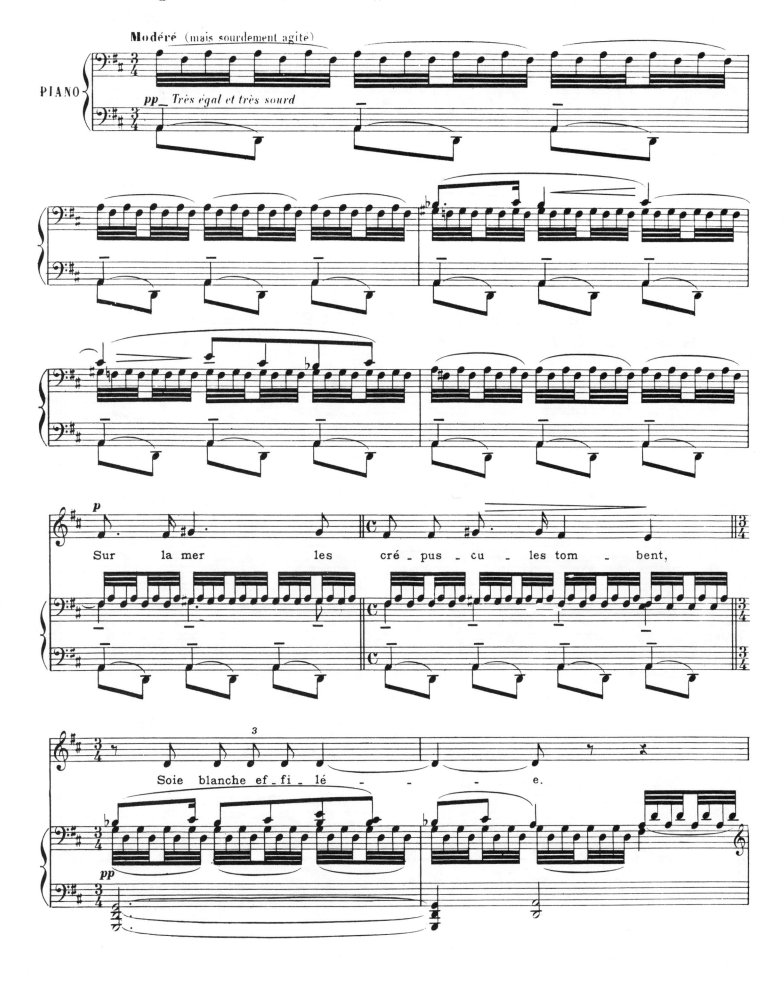

Les va _ gues comme de pe _ ti _ tes fol _ les

Cre _ _ scen _ _ do

Ja _ sent, pe _ ti _ tes fil _ les sor _ tant de l'é _ co _ le,

Par _ mi les frou _ frous de leur ro _ be,

Scherzando

Soie verte i _ ri _ sé _ e!

Plus p

Les nu_a_ges, gra_ves vo_ya_

_geurs, se con_cer_tent sur le prochain o_ra_

_ge, Et c'est un fond vraiment trop gra_ve à cette an_glaise a_qua_

rel_le. Les vagues,

les pe_ti_tes va _ gues, ne savent plus où se met _ tre,

car voi_ci la mé_chante aver _ _ se.

Frou frous de ju_pes en_vo_lé _ es,

Soie verte af_fo_lé _ e.

Dim.

En se calmant

Mais la lu _ _ ne, com _ pa _ tis _ sante à

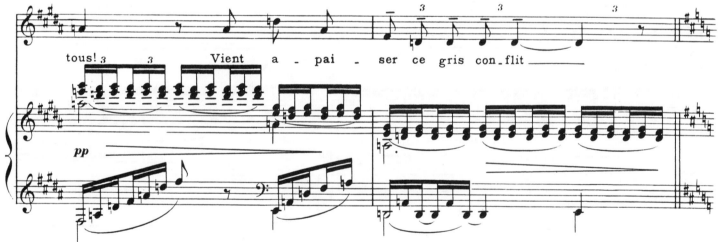

tous! Vient a _ pai _ ser ce gris con _ flit _____

Plus lent

Très expressif

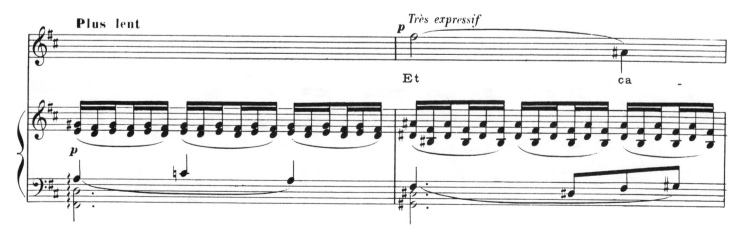

Et   ca _

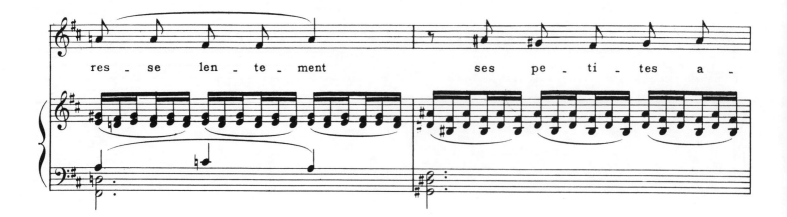

res _ se len _ te _ ment   ses pe _ ti _ tes a _

_ mies   qui   s'of _ frent com _ me lè _ vres ai _

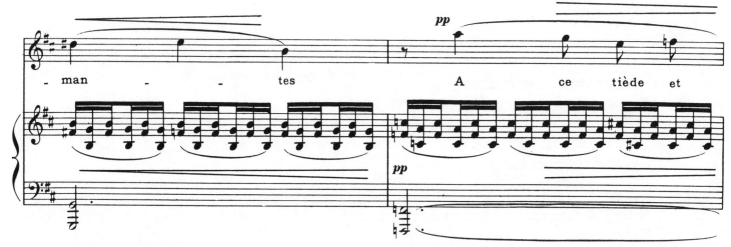

_ man _ _ _ tes   A   ce tiède et

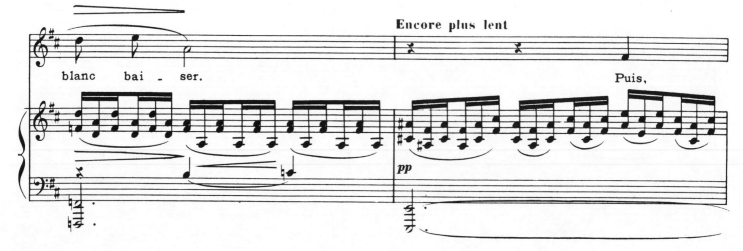

blanc bai _ ser.   Puis,

Encore plus lent

De fleurs... (à Madame E. CHAUSSON)

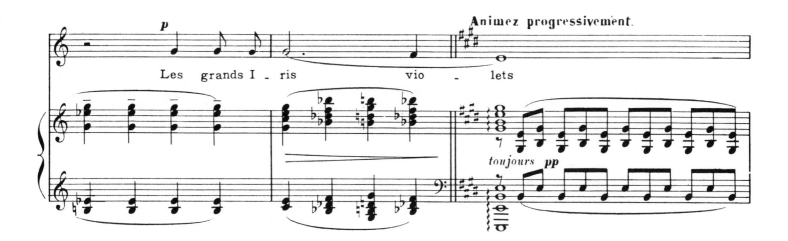

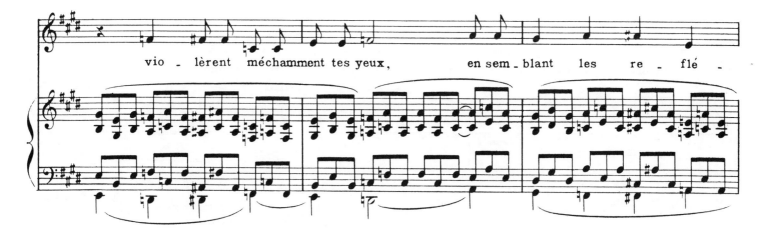

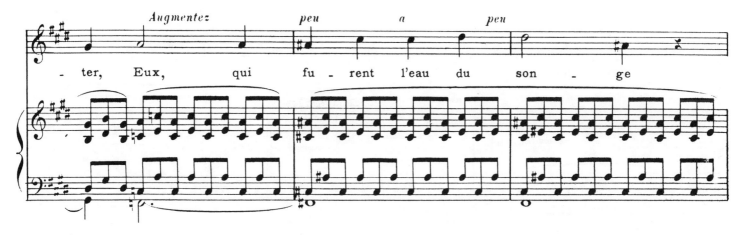

117

clos en leur cou _ leur; Et les lys,

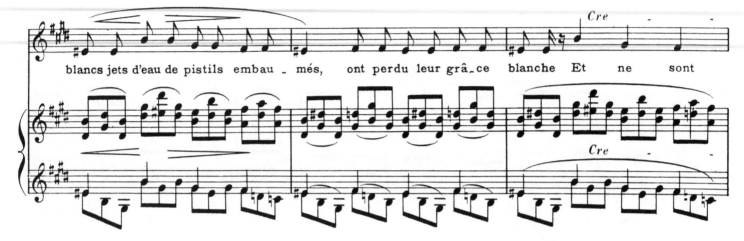

blancs jets d'eau de pistils embau _ més, ont perdu leur grâ _ ce blanche Et ne sont

plus que pau _ vres ma _ la _ des sans so _ leil!

So _ leil! a mi des fleurs mau _

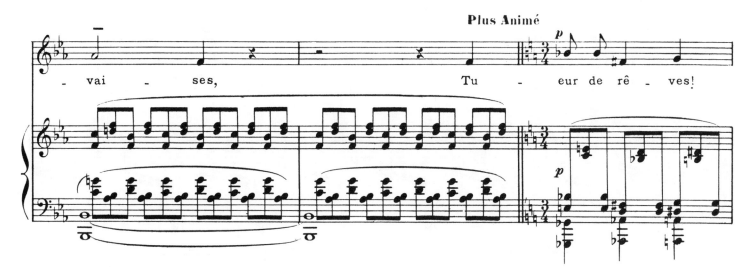

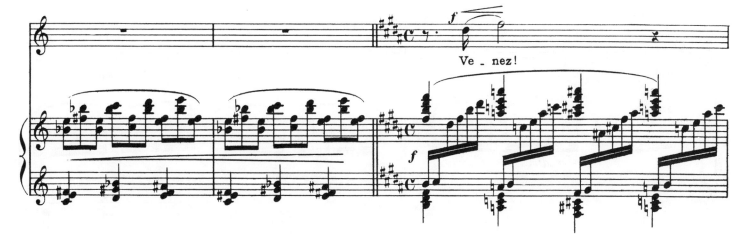

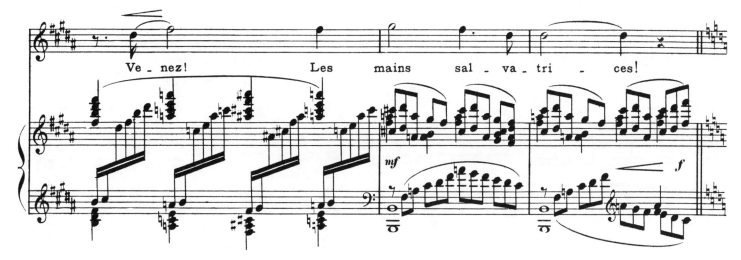

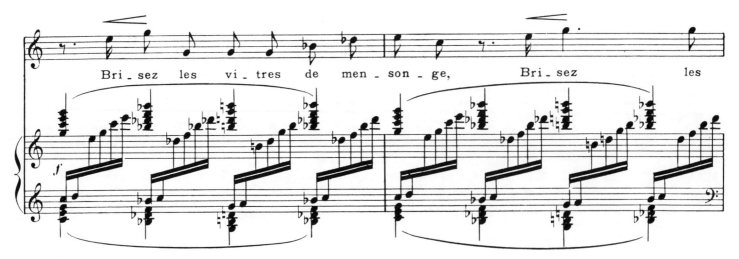

Bri _ sez les vi _ tres de men _ son _ ge, Bri _ sez les

vi _ tres de ma _ lé _ fi _ ce, Mon â _ me meurt de trop de so _

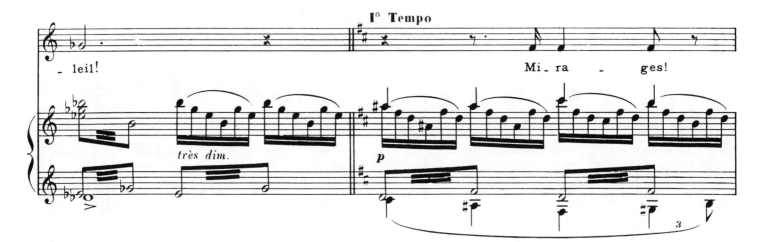

_ leil! Mi _ ra _ ges!

I° Tempo

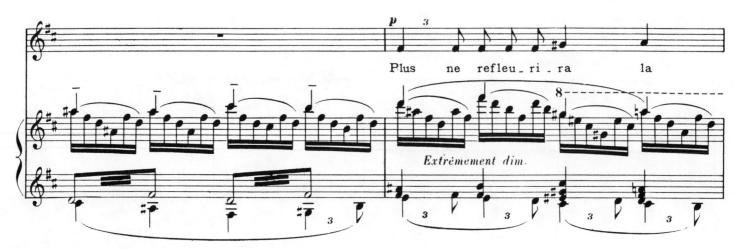

Plus ne refleu _ ri _ ra la

joie de mes yeux   Et mes mains _____ sont

pp très retenu

las _ ses de pri _ er,   Mes yeux sont làs de pleu_rer!   Eter_nel_le_

Plus lent

_ ment ce bruit fou des pé_ta_les noirs de l'ennui tombant goutte à goutte   sur ma tê _ te

Dans le vert de la ser _ re de dou_leur!

De soir... 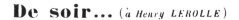 (à Henry LEROLLE)

plus que pour quelques jours! Di _ man _ _ che, les

ga _ res sont fol _ les! Tout le monde appa _ reil _ _ le pour

des ban _ lieues d'a _ ven _ tu _ _ re en se di _ sant a _

_ dieu a _ _ vec des ges _ tes é _ per _ dus!

Di _ man _ che les

trains vont vi _ _ te, dé _ vo _ rés par d'in _ sa _ ti _

_ a _ _ bles tun _ nels; Et les

bons si _ gnaux des rou _ tes é _

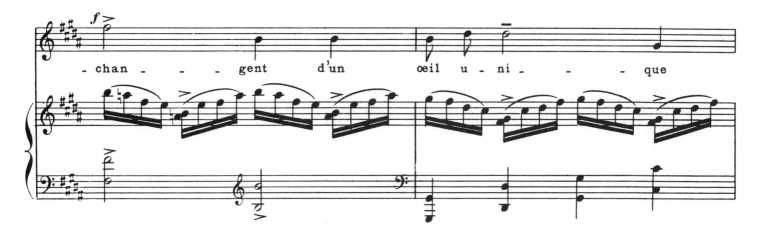

-chan _ _ gent d'un œil u _ ni _ _ que

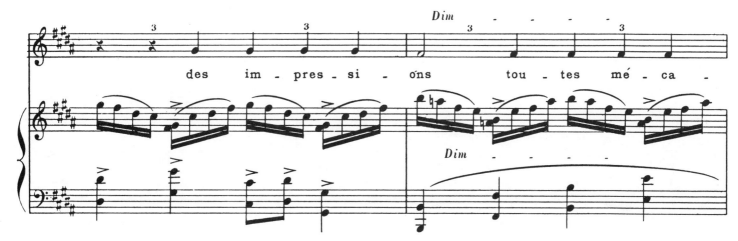

des im _ pres _ si _ ons tou _ tes mé _ ca _

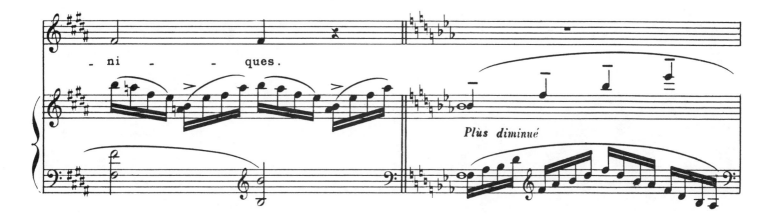

_ ni _ _ ques.

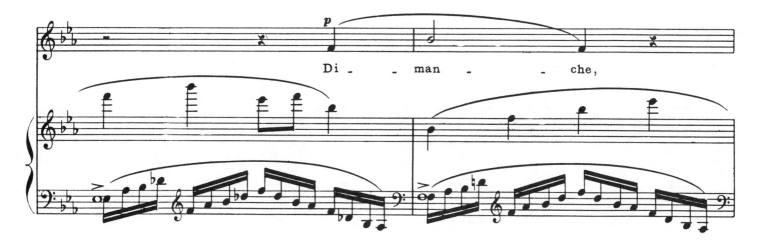

Di _ man _ _ che,

dans le bleu de mes

rê - - - - - - - ves

où mes pen_sées tris_tes de

feux d'ar_ti_fi_ces man_qués   Ne veulent plus quitter le

deuil de vieux Di_man _ ches tré_pas_sés.

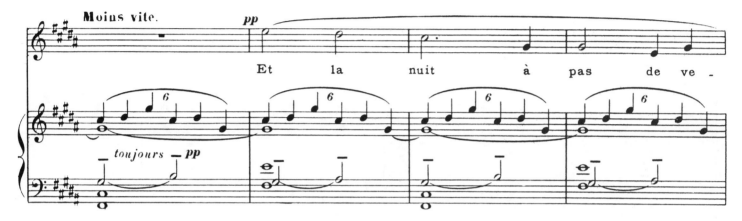

Moins vite.

Et la nuit à pas de ve _

_lours vient en _ dor _ mir _____ le beau

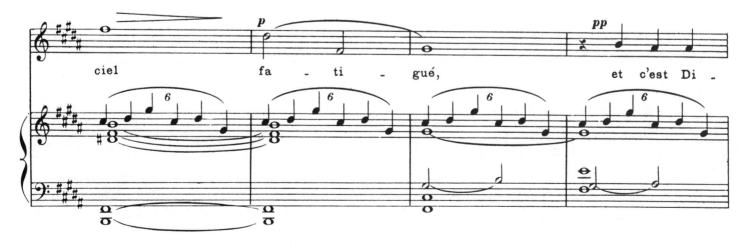

ciel fa _ ti _ gué, et c'est Di _

-man - che dans les a - ve - nues d'é - toi - les; la

Vier - ge or sur ar - gent lais - se tom - ber les

fleurs de som - meil! Vi - te, les petits an - ges

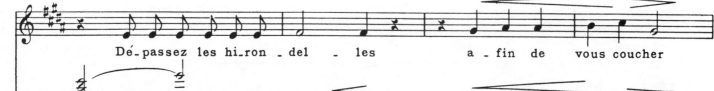

Dé - passez les hi - ron - del - les a - fin de vous coucher

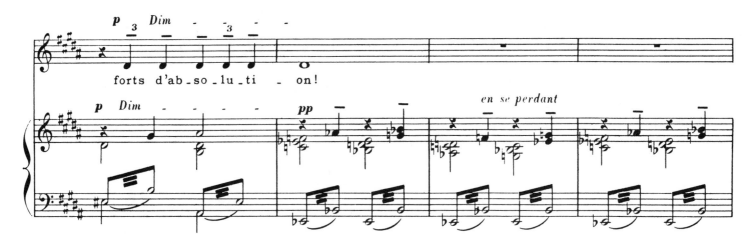

forts d'ab_so_lu_ti _ on!

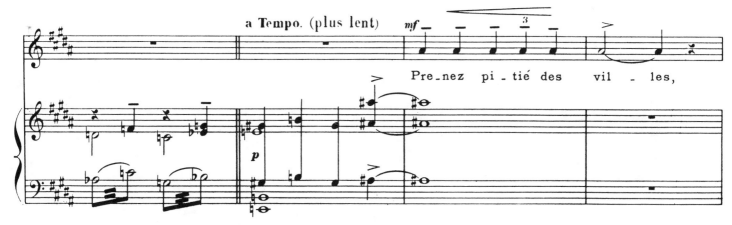

Pre_nez pi _ tié des vil _ les,

Pre_nez pi _ tié des cœurs, Vous, la Vier _ ge

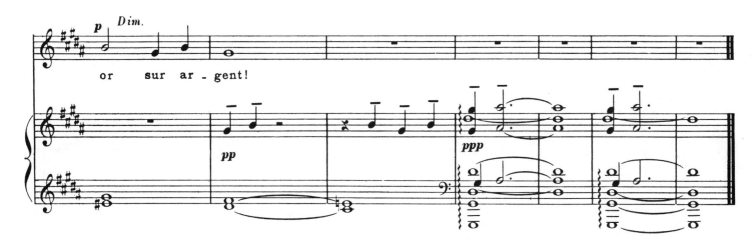

or sur ar _ gent!

TROIS CHANSONS DE BILITIS

P. LOUŸS

C. DEBUSSY

I
la flûte de Pan

_vec la blan _ che ci _ re qui __ est douce à mes lè _ vres com_me le miel.

Il m'apprend à jou_er, as _ si_se sur ses ge _ noux; mais je suis un peu trem_

_blan _ te. Il en joue a_près moi, si dou_ce_ment que je l'en_tends à

pei _ ne. Nous n'avons

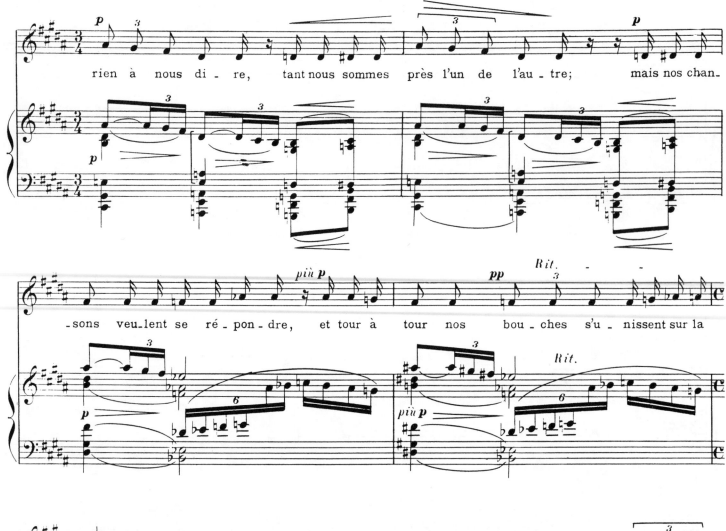

rien à nous di _ re, tant nous sommes près l'un de l'au _ tre; mais nos chan_

_sons veu_lent se ré _ pon_dre, et tour à tour nos bou_ches s'u _ nissent sur la

flû _ _ te.   Il est

tard;   voi_ ci le chant des grenouilles ver_tes qui com_

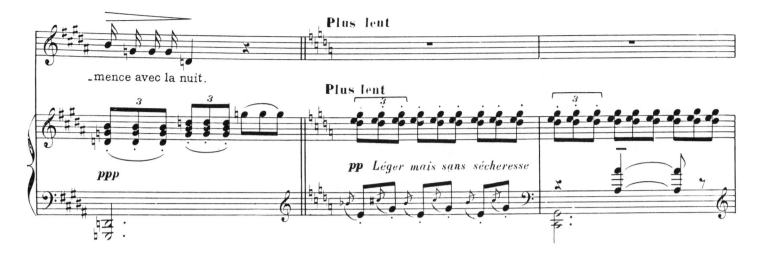

_mence avec la nuit.

Ma mè_re ne croi_ra ja_

_mais que je suis res_tée si longtemps à cher_cher ma cein_tu_re per_

_du_e.

TROIS CHANSONS DE BILITIS

P. LOUŸS

C. DEBUSSY

II
la Chevelure

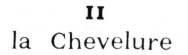

Il m'a dit:

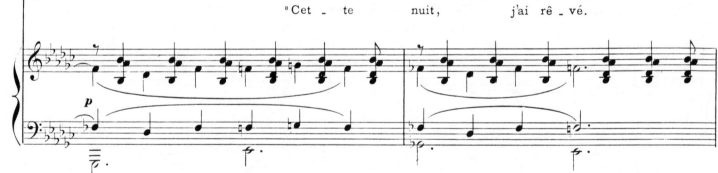

"Cet _ te nuit, j'ai rê _ vé.

J'a _ vais ta che _ ve _ lure autour de mon cou.

En augmentant peu à peu

J'a _ vais tes che _ veux comme un col _ lier

noir au _ tour de ma nuque et sur ma poi _ tri _ _

_ ne. "Je les ca _ res _ sais, et c'étaient les miens;

et nous é _ tions li _ és pour tou _ jours ain _ si,

135

TROIS CHANSONS DE BILITIS

P. LOUYS

C. DEBUSSY

III

le tombeau des Naiades

_da_les é_taient lour_des de nei_ge fan_geuse et tas _ sée.

Il me dit: "Que cherches-tu?

— Je suis la tra_ce du sa_ty _ re. Ses pe_tits pas fourchus alternent comme des trous dans un manteau

blanc." Il me dit: "Les sa_ty_res sont morts.

Les sa _ ty_res et les nymphes aus_si. Depuis trente

ans il n'a pas fait un hi_ver aussi ter _ ri _ ble. La trace que tu vois est ce_le d'un

bouc. _____ Mais restons i _ ci, où est leur tom_

_beau. Et a_vec le fer de sa houe il cas_sa la gla_ce de la source où ja_

dis ri aient les na _ ïa _ _ des.

Il pre _ nait de grands morceaux froids, et les soule_vant vers le ciel

pâle, il re_gar_dait au tra _ vers.

Rondel ❊❊ *CHARLES DUC D'ORLÉANS* ❊❊

CHANT

Joyeux et animé

PIANO

Joyeux et animé

mf   *dim.*

Le temps a lais _ sié son manteau De vent, de froidure et de

p

pluy _ e,   Et s'est ves _ tu de bro_de_ry _ e, De so_leil rai_ant, cler et

p cresc.   *f*

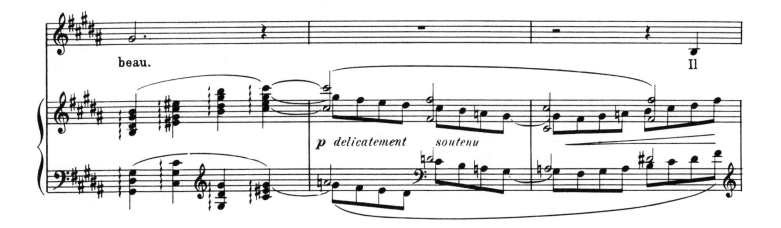

beau.

p delicatement soutenu

Il

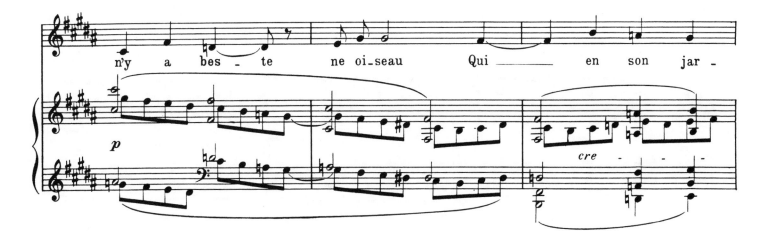

n'y a bes _ te ne oi _ seau Qui ____ en son jar _

p

cre _ _

_ gon ne chante ou cry _ e Le temps a lais _ sié son man _

Cédez

Cédez

p _

_ scen _ do

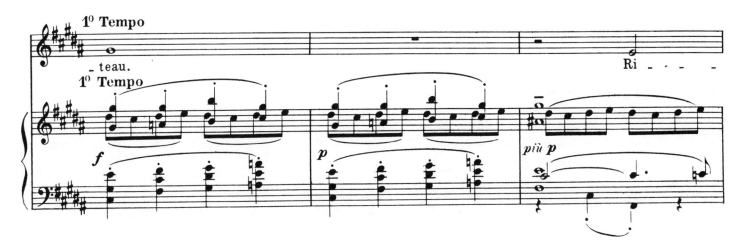

_ teau.

Ri _ _ _

1⁰ Tempo

1⁰ Tempo

f

p

più p

viè _ _ re, fon _ taine et ruis _ seau

Por _ tent en li _ vrée jo _ ly _ _ _ e   Goul _ tes d'argent d'or _ fa _ ve _

_ ri _ _ _ e   Chas _ cun s'a _ _ bil _ le de nouveau,

mf e cresc molto

Retenu _ _ _ _ _ _ _ _ _ _ _

Le temps a lais _ sié son man _ teau.

Retenu _ _ _ _ _ _ _ _ _ _ _

f   *f*   *ff*

La Grotte ❦ *TRISTAN LHERMITE* ❦

Très lent et très doux

CHANT

PIANO

Au_près de cet_te grot_te som_bre Où l'on res_pire un

air si doux, L'on_de lutte a_vec les cail_loux Et la lu_

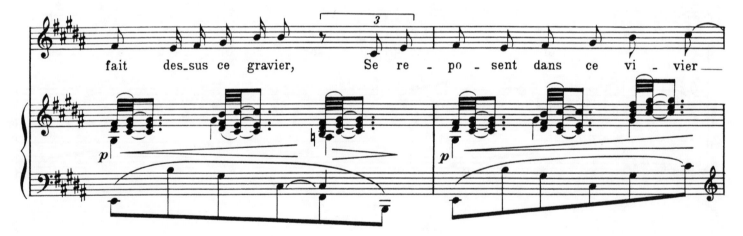

L'om _ bre de cet _ te fleur ver _ meil _ _ le

Et cel _ le de ces joncs pen _ dants Pa _ raissent

es _ tre là de _ dans les son _ ges de l'eau qui som _ meil _ _

_ _ le...

Rondel ⋙ *CHARLES DUC D'ORLÉANS* ⋙

Pour ce que Plai_sance est mor _ _ _ te

Ce may, suis ves _ tu de noir;

C'est grand pi-tié de vé-oir mon cœur qui s'en des-confor-te.

poco a poco cresc.

Cédez un peu

Je m'a-bil-le de la sor-te Que doy, pour fai-re de-voir;

Cédez un peu

mf

dim.

Pour ce que Plai-sance est mor-te,

p

1⁰ Tempo

Ce may, suis ves-tu de noir.

1⁰ Tempo

p

Le temps ces nouvel_les por _ _ te Qui ne veut déduit a _ voir;

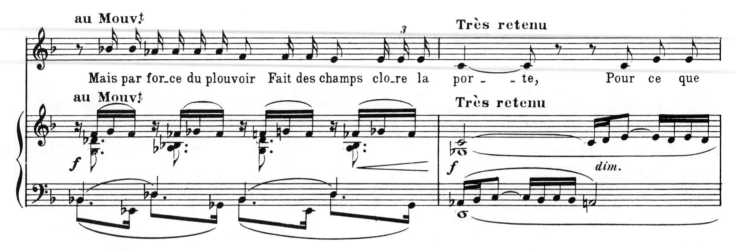

Mais par for_ce du plouvoir Fait des champs clo_re la por _ _ te, Pour ce que

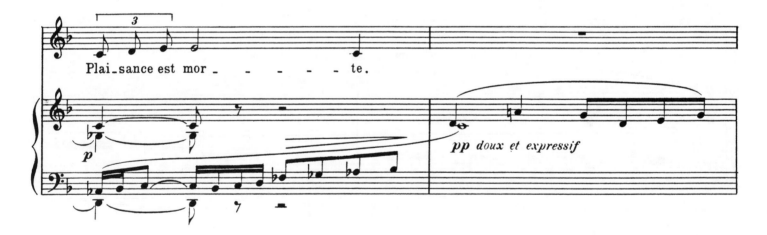

Plai_sance est mor _ _ _ _ te.

Les ingénus

Musique de
CLAUDE DEBUSSY

vent,   Par_fois lui_saient des bas de jam_bes, trop sou_vent In_

Cédez _ _ _   a Tempo

_ter_cep_tés!   et nous ai _ mions   ce jeu de

Cédez _ _ _   a Tempo

du _ pes.   Parfois aus _ si le dard d'un in _

_sec_te ja_loux In _ qui_é_tait le   col des bel_les sous les bran_ _ _ches,

Peu à peu animé

Et c'é_taient des é _ clairs sou_dains de nu_ques blan _ _ _ _

Peu à peu animé

mf

_ _ches   Et ce ré _ _gal com_blait nos

Toujours animé

Toujours animé

p   *e*   *cre _ scen _*

jeu_nes yeux de feus. _____

Retenu _ _ _

_ do _ _ *f*   *dim.*   *p*

Le double moins vite

Le double moins vite

Le soir tom _ bait,   un soir é_qui_

pp

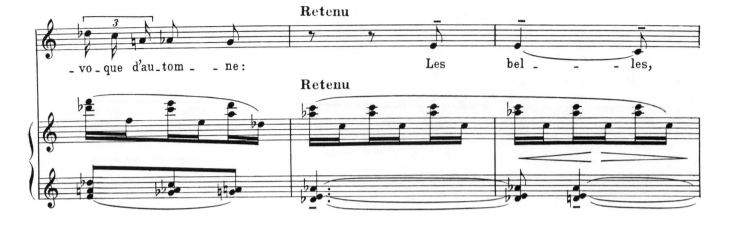

-vo_que d'au_tom_ _ne: Les   bel _ _ _les,

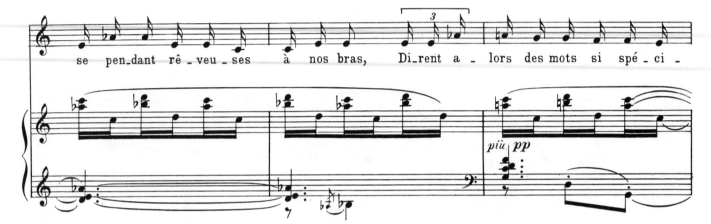

se pen_dant rê_veu_ses   à nos bras, Di_rent a _ lors des mots si spé _ ci _

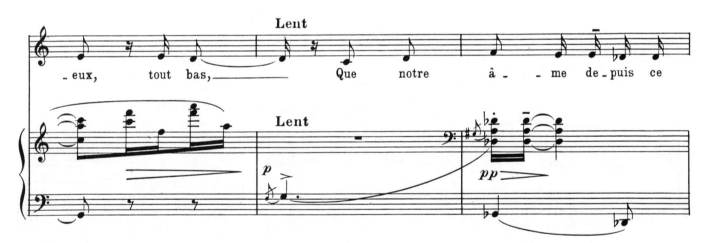

_eux,   tout bas,_____ Que   notre   â _ _me de_puis ce

temps tremble et s'é _ _ ton _ ne.

Le Faune

Poésie de PAUL VERLAINE

Musique de
CLAUDE DEBUSSY

Un vieux fau _ ne de ter _ re cui _ _ te Rit au cen _ tre des boù _ lin _ grins, Pré _ sa _ geant sans doute u _ ne sui _ te Mau _ _

_vaise à ces ins _ _ tants se _ reins

_pp_

Un peu animé

Qui m'ont con _ _

Un peu animé

_pp_

_duit et t'ont con _ dui _ te, Mé _ lan _ co _ li _ ques

_p_

_pp_

a Tempo

pé _ le _ rins, Jus _ _ qu'à cette

a Tempo

_p_

heu — — — re dont la fui — — te Tour — — —

_noie au son de tam _ bou _ _ rins

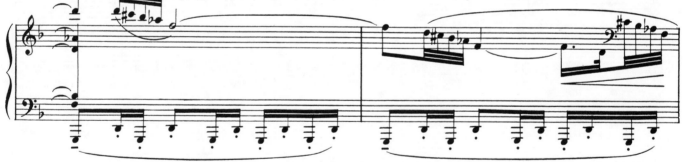

pp e perdendo _ _ _ _ _ plus rien

Colloque sentimental

Poésie de PAUL VERLAINE

Musique de
CLAUDE DEBUSSY

Dans le vieux parc so _ li _ taire et gla _ cé Deux for _ mes ont tout à l'heu _ re pas _ _ sé. Leurs yeux sont

morts et leurs lè_vres sont mol _ _ les, Et l'on en_tend à pei_ne leurs pa_ro _ les.

Dans le vieux parc so _ li _ taire et gla_cé Deux

Retenu _ _ _ _ _
spectres ont é_vo_qué le pas _ sé.

Un peu plus mouvementé
très expressif, mélancolique et lointain.

—Te souvient-il de notre ex_tase an _ cien_ne?

Retenu _ _ _ _ _ _ _ _ _ _ _ _ _ _ _ _

_ Pour _ quoi vou _ lez - vous donc qu'il m'en sou _ vien _ _ _ ne?

a Tempo

_ Ton cœur bat il tou _ jours à mon seul

nom?   Tou _ jours vois - tu mon âme en rê _ ve?   _ Non.

Animez et augmentez peu à peu

_ Ah! _____   les beaux

jours de bon _heur in _ di _ ci _ _ _ _ ble

Retenu _ _ _ _ _ _ _ _ a Tempo

Où nous joi_gnions nos bou _ ches: —C'est pos_si _ble.

—Qu'il é_tait bleu, le ciel, _____ et grand l'es _

_poir! —L'es_poir a fui, vain _ cu, vers le ciel noir.

Tels ils marchaient dans les a_voi_nes fol _ les,

Plus lent   en allant se perdant jusqu'à la fin

Et la nuit seule en _ ten _ dit leurs pa _ ro _ _ _ les.

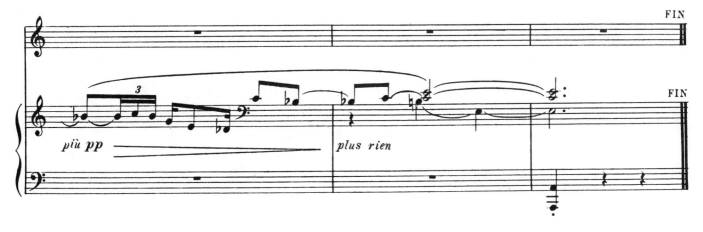

Song Texts and Translations

The literal line-for-line translations are by Rita Benton.

Beau Soir

Lorsque au soleil couchant les rivières sont roses,
Et qu'un tiède frisson court sur les champs de blé,
Un conseil d'être heureux semble sortir des choses
Et monter vers le cœur troublé.
Un conseil de goûter le charme d'être au monde,
Cependant qu'on est jeune et que le soir est beau,
Car nous nous en allons comme s'en va cette onde,
Elle à la mer, nous au tombeau.

Beautiful Evening

When in the setting sun the rivers are rosy,
And when a mild shiver runs over the fields of wheat,
A counsel to be happy seems to emanate from things
And mount toward the troubled heart.
A counsel to relish the charm of being in the world,
While one is young and while the evening is beautiful,
For we depart as departs this wave,
It to the sea, we to the tomb.

Mandoline

Les donneurs de sérénades
Et les belles écouteuses
Echangent des propos fades
Sous les ramures chanteuses.
C'est Tircis et c'est Aminte,
Et c'est l'éternel Clitandre,
Et c'est Damis qui pour mainte
Cruelle fait maint vers tendre.
Leurs courtes vestes de soie,
Leurs longues robes à queues,
Leur élégance, leur joie
Et leurs molles ombres bleues,
Tourbillonnent dans l'extase
D'une lune rose et grise,
Et la mandoline jase
Parmi les frissons de brise . . .
La, la, la, la, la . . . .

Mandolin

The givers of serenades
And the lovely listeners
Exchange empty remarks
Under the singing branches.
It is Tircis and it is Aminte,
And it is the eternal Clitandre,
And it is Damis who for many a
Cruel woman makes many a tender verse.
Their short jackets of silk,
Their long dresses with trains,
Their elegance, their joy
And their soft blue shadows
Whirl in the ecstasy
Of a moon pink and gray,
And the mandolin chatters
Amidst the shivers of the breeze . . .
La, la, la, la, la . . . .

C'est l'extase

C'est l'extase langoureuse,
C'est la fatigue amoureuse,
C'est tous les frissons des bois
Parmi l'étreinte des brises.
C'est, vers les ramures grises,
Le chœur des petites voix.
O le frêle et frais murmure,
Cela gazouille et susurre,
Cela ressemble au cri doux
Que l'herbe agitée expire.
Tu dirais, sous l'eau qui vire, —
Le roulis sourd des cailloux.
Cette âme qui se lamente
En cette plainte dormante,
C'est la nôtre, n'est-ce pas?
La mienne, dis, et la tienne
Dont s'exhale l'humble antienne,
Par ce tiède soir, tout bas.

It Is Ecstasy

It is languorous ecstasy,
It is the fatigue of love,
It is all the rustling of forests
Amidst the embrace of the breezes.
It is, near the gray branches,
The chorus of small voices.
O the faint, cool murmur,
It twitters and whispers,
It resembles the gentle cry
That the ruffled grass exhales.
You might call it, under the water that swirls, —
The muffled rolling of pebbles.
This soul which laments
In this sleeping complaint,
It is ours, is it not?
Mine, say, and yours
From which exhales the humble anthem,
In this warm evening, very softly.

Il pleure dans mon cœur

Il pleure dans mon cœur
Comme il pleut sur la ville.
Quelle est cette langueur
Qui pénètre mon cœur?
O bruit doux de la pluie,
Par terre et sur les toits!
Pour un cœur qui s'ennuie,
O le bruit de la pluie!
Il pleure sans raison
Dans ce cœur qui s'écœure.
Quoi! nulle trahison?
Ce deuil est sans raison.
C'est bien la pire peine,
De ne savoir pourquoi,
Sans amour et sans haine,
Mon cœur a tant de peine.

It Cries in My Heart

It cries in my heart
As it rains on the city.
What is this languor
That penetrates my heart?
O gentle noise of the rain,
On the ground and on the roofs!
For a heart that is weary
O the noise of the rain!
It cries without reason
In this heart which is dejected.
What! no treachery?
This mourning is without reason.
It is indeed the worst pain,
Not to know why,
Without love and without hate,
My heart has so much pain.

L'ombre des arbres

L'ombre des arbres dans la rivière embrumée
Meurt comme de la fumée,
Tandis qu'en l'air, parmi les ramures réelles,
Se plaignent les tourterelles.
Combien ô voyageur, ce paysage blême
Te mira blême toi-même,
Et que tristes pleuraient dans les hautes feuillées, —
Tes espérances noyées.

The Shadow of the Trees

The shadow of the trees in the misty river
Dies like smoke,
While in the air, among the real branches,
The turtle doves complain.
How much, o traveler, this pale landscape
Mirrored your own pale self,
And how they cried in the high foliage, —
Your drowned hopes.

Chevaux de bois

Tournez, tournez, bons chevaux de bois,
Tournez cent tours, tournez mille tours,
Tournez souvent et tournez toujours,
Tournez, tournez au son des hautbois.
L'enfant tout rouge et la mère blanche,
Le gars en noir et la fille en rose,
L'une a la chose et l'autre a la pose,
Chacun se paie un sou de dimanche.
Tournez, tournez, chevaux de leur cœur,
Tandis qu'autour de tous vos tournois
Clignote l'oeil du filou sournois.
Tournez au son du piston vainqueur!
C'est étonnant comme ça vous soûle,
D'aller ainsi dans ce cirque bête:
Rien dans le ventre et mal dans la tête,
Du mal en masse et du bien en foule;
Tournez dadas, sans qu'il soit besoin
D'user jamais de nuls éperons
Pour commander à vos galops ronds.
Tournez, tournez, sans espoir de foin,
Et dépêchez, chevaux de leur âme,
Déjà voici que sonne à la soupe
La nuit qui tombe et chasse la troupe
De gais buveurs, que leur soif affame.
Tournez, tournez! Le ciel en velours
D'astres en or se vêt lentement,
L'Eglise tinte un glas tristement.
Tournez au son joyeux des tambours, tournez.

Merry-Go-Round

Turn, turn, good wooden horses,
Turn a hundred turns, turn a thousand turns.
Turn often and turn forever,
Turn, turn to the sound of the oboes.
The child all red and the mother white,
The fellow in black and the girl in pink,
One [woman] natural, the other in a pose,
Each indulges in a penny's worth of Sunday.
Turn, turn, horses of their heart,
While around all your tourneys
Flickers the glance of the sly rogue.
Turn to the sound of the victorious cornet!
It is astonishing how that intoxicates you,
To move thus in this stupid circus:
Nothing in the stomach and an ache in the head,
A whole lot of bad and a crowd of good;
Turn, hobbyhorses, without there being need
To ever use any spurs
To control your round gallops.
Turn, turn without hope of hay,
And hurry, horses of their soul,
Already the supper bell is being rung
By night, which falls and chases the crowd
Of gay drinkers, famished by their thirst.
Turn, turn! The sky of velvet
Dresses itself slowly with golden stars;
The church tolls a knell sadly.
Turn to the joyous sound of the drums, turn.

Green

Voici des fruits, des fleurs, des feuilles et des branches,
Et puis voici mon coeur qui ne bat que pour vous.
Ne le déchirez pas avec vos deux mains blanches,

Green

Here are fruits, flowers, leaves and branches,
And then here is my heart, which beats only for you.
Do not tear it apart with your two white hands,

Et qu'à vos yeux si beaux l'humble présent soit doux.
J'arrive tout couvert encore de rosée,
Que le vent du matin vient glacer à mon front,
Souffrez que ma fatigue à vos pieds reposée,
Rêve des chers instants qui la délasseront.
Sur votre jeune sein, laissez rouler ma tête,
Toute sonore encore de vos derniers baisers;
Laissez-la s'apaiser de la bonne tempête,
Et que je dorme un peu puisque vous reposez.

Spleen

Les roses étaient toutes rouges,
Et les lierres étaient tout noirs.
Chère, pour peu que tu te bouges,
Renaissent tous mes désespoirs.
Le ciel était trop bleu, trop tendre,
La mer trop verte et l'air trop doux;
Je crains toujours, ce qu'est d'attendre,
Quelque fuite atroce de vous!
Du houx à la feuille vernie,
Et du luisant buis je suis las,
Et de la campagne infinie,
Et de tout, fors de vous. Hélas!

Le Balcon

Mère des souvenirs, maîtresse des maîtresses,
O toi, tous mes plaisirs! ô toi, tous mes devoirs!
Tu te rappelleras la beauté des caresses,
La douceur du foyer et le charme des soirs.
Mère des souvenirs, maîtresse des maîtresses,
Les soirs illuminés par l'ardeur du charbon,
Et les soirs au balcon, voilés de vapeur rose.
Que ton sein m'était doux! Que ton cœur m'était bon!
Nous avons dit souvent d'impérissables choses
Les soirs illuminés par l'ardeur du charbon.
Que les soleils sont beaux par les chaudes soirées!
Que l'espace est profond! que le cœur est puissant!
En me penchant vers toi, reine des adorées,
Je croyais respirer le parfum de ton sang.
Que les soleils son beaux par les chaudes soirées!
La nuit s'épaississait ainsi qu'une cloison,
Et mes yeux dans le noir devinaient tes prunelles,
Et je buvais ton souffle. O douceur, ô poison!
Et tes pieds s'endormaient dans mes mains fraternelles,
La nuit s'épaississait ainsi qu'une cloison.
Je sais l'art d'évoquer les minutes heureuses,
Et revis mon passé blotti dans tes genoux.
Car à quoi bon chercher tes beautés langoureuses
Ailleurs qu'en ton cher corps et qu'en ton cœur si doux?
Je sais l'art d'évoquer les minutes heureuses!
Ces serments, ces parfums, ces baisers infinis,
Renaîtront-ils d'un gouffre interdit à nos sondes
Comme montent au ciel les soleils rajeunis
Après s'être lavés au fond des mers profondes?
O serments, ô parfums! ô baisers infinis!

Harmonie du Soir

Voici venir les temps où vibrant sur sa tige,
Chaque fleur s'évapore ainsi qu'un encensoir;
Les sons et les parfums tournent dans l'air du soir,
Valse mélancolique et langoureux vertige.
Chaque fleur s'évapore ainsi qu'un encensoir,

And to your eyes so lovely, may this humble present seem sweet.
I arrive all covered still with dew,
That the morning wind turns to frost on my brow.
Permit my fatigue, reposing at your feet,
To dream of the cherished moments which will refresh it.
On your young bosom, let my head lie,
Full of ringing still from your last kisses;
Let it be calmed after the good tempest,
And let me sleep a little, since you are resting.

Spleen

The roses were all red,
And the ivies were all black.
Dear, with your slightest movement,
All my despairs are reborn.
The sky was too blue, too tender,
The sea too green and the air too mild.
I fear always — and it is to be expected —
Some atrocious flight of yours!
Of the holly with the varnished leaf,
And of the shiny boxwood I am weary
And of the endless countryside,
And of everything, except of you. Alas!

The Balcony

Mother of memories, mistress of mistresses.
O you, all my pleasures! o you, all my duties!
You will recall the beauty of the caresses,
The tenderness of home and the charm of evenings.
Mother of memories, mistress of mistresses,
Evenings illuminated by the burning of the coal,
And evenings on the balcony, veiled in rosy mist.
How tender your breast was to me! How good your heart was to me!
We often said imperishable things
In the evenings illuminated by the burning of the coal.
How beautiful are the suns on warm evenings!
How profound is space! how powerful is the heart!
Leaning toward you, queen of the adored,
I thought I was breathing the perfume of your blood.
How beautiful are the suns on warm evenings!
The night was thickening like a partition
And my eyes, in the blackness, sensed your pupils,
And I drank in your breath. O sweetness, o poison!
And your feet fell asleep in my brotherly hands,
The night was thickening like a partition.
I know the art of evoking happy moments,
And saw again my past, buried in your knees.
For what good is it to seek your languorous beauties
Outside of your cherished body and of your heart so tender?
I know the art of evoking happy moments!
Those vows, those perfumes, those unending kisses,
Will they rise again from an abyss forbidden to our probings
As the reborn suns mount to the sky
After having bathed at the bottom of profound seas?
O vows! o perfumes! o unending kisses!

Harmony of the Evening

Here comes the time when, vibrating on its stem,
Each flower exhales like a censer;
The sounds and the perfumes turn in the air of the evening,
Melancholy waltz and languorous giddiness.
Each flower exhales like a censer,

Le violon frémit comme un cœur qu'on afflige,
Valse mélancolique et langoureux vertige,
Le ciel est triste et beau comme un grand reposoir;
Le violon frémit comme un cœur qu'on afflige,
Un cœur tendre, qui hait le néant vaste et noir!
Le ciel est triste et beau comme un grand reposoir,
Le soleil s'est noyé dans son sang qui se fige . . .
Un cœur tendre, qui hait le néant vaste et noir,
Du passé lumineux recueille tout vestige.
Le soleil s'est noyé dans son sang qui se fige, —
Ton souvenir en moi luit comme un ostensoir.

Le Jet d'Eau

Tes beaux yeux sont las, pauvre amante!
Reste longtemps sans les rouvrir,
Dans cette pose nonchalante
Où t'a surprise le plaisir.
Dans la cour le jet d'eau qui jase
Et ne se tait ni nuit ni jour,
Entretient doucement l'extase
Où ce soir m'a plongé l'amour.
La gerbe d'eau qui berce
Ses mille fleurs,
Que la lune traverse
De ses pâleurs,
Tombe comme une averse
De larges pleurs.
Ainsi ton âme qu'incendie
L'éclair brûlant des voluptés,
S'élance, rapide et hardie,
Vers les vastes cieux enchantés.
Puis, elle s'épanche, mourante
En un flot de triste langueur,
Qui par une invisible pente
Descend jusqu'au fond de mon cœur.
O toi, que la nuit rend si belle,
Qu'il m'est doux, penché vers tes seins,
D'écouter la plainte éternelle
Qui sanglote dans les bassins!
Lune, eau sonore, nuit bénie,
Arbres qui frissonnez autour, —
Votre pure mélancolie
Est le miroir de mon amour.

Recueillement

Sois sage, ô ma douleur, et tiens-toi plus tranquille;
Tu réclamais le soir: il descend, le voici!
Une atmosphère obscure enveloppe la ville,
Aux uns portant la paix, aux autres le souci.
Pendant que des mortels la multitude vile,
Sous le fouet du Plaisir, ce bourreau sans merci,
Va cueillir des remords dans la fête servile,
Ma douleur, donne moi la main; viens par ici,
Loin d'eux. Vois se pencher les défuntes Années
Sur les balcons du ciel, en robes surannées;
Surgir du fond des eaux le Regret souriant,
Le soleil moribond s'endormir sous une arche;
Et, comme un long linceul traînant à l'Orient,
Entends, ma chère, entends la douce nuit qui marche.

La Mort des Amants

Nous aurons des lits pleins d'odeurs légères,
Des divans profonds comme des tombeaux;

The violin quivers like an afflicted heart,
Melancholy waltz and languorous giddiness.
The sky is sad and beautiful as a great wayside altar;
The violin quivers like an afflicted heart,
A tender heart that hates the vast and black nothingness!
The sky is sad and beautiful as a great wayside altar,
The sun has drowned itself in its blood that is congealing . . .
A tender heart that hates the vast and black nothingness
Recalls every vestige of the luminous past.
The sun has drowned itself in its blood that is congealing—
My memory of you shines like an ostensory.

The Fountain

Your beautiful eyes are weary, poor lover!
Stay a long time without reopening them,
In this careless pose
In which pleasure has surprised you.
In the courtyard the fountain which chatters,
And is silent neither night nor day,
Prolongs sweetly the ecstasy
Into which love has plunged me this evening.
The spray of water that soothes
Its thousand flowers,
Through which the moon shines
With its pallid light,
Falls like a shower
Of large tears.
Thus your soul, set aflame
By the burning flash of pleasures,
Bounds rapidly and boldly
Toward the vast enchanted skies.
Then it overflows, dying
In a wave of sad languor,
Which, by an invisible slope
Descends to the depth of my heart.
O you, whom the night makes so beautiful,
How sweet it is to me, leaning against your breasts,
To listen to the eternal plaint
That sobs in the basins!
Moon, sonorous water, blessed night,
Trees that quiver all around,
Your pure melancholy
Is the mirror of my love.

Meditation

Be wise, o my sorrow, and be quieter.
You called for the evening; it descends; here it is!
A gloomy atmosphere envelops the city,
To some bringing peace, to others worry.
While the vile multitude of mortals,
Under the whip of Pleasure, that executioner without mercy,
Goes to gather remorse at the servile feast,
My sorrow, give me your hand; come here,
Far from them. See the dead Years leaning
Over the balconies of the sky, in old-fashioned robes;
See smiling Regret rising from the depth of the waters,
And the dying sun going to sleep under an arch;
And, like a long shroud trailing toward the east,
Hear, my dear, hear the gentle night walking.

The Death of the Lovers

We shall have beds full of light scents,
Divans deep as tombs;

Et d'étranges fleurs sur des étagères,
Ecloses pour nous sous des cieux plus beaux.
Usant à l'envi leurs chaleurs dernières,
Nos deux cœurs seront deux vastes flambeaux,
Qui réfléchiront leurs doubles lumières
Dans nos deux esprits, ces miroirs jumeaux.
Un soir fait de rose et de bleu mystique
Nous échangerons un éclair unique,
Comme un long sanglot tout chargé d'adieu,
Et plus tard un ange, entrouvrant les portes,
Viendra ranimer, fidèle et joyeux,
Les miroirs ternis et les flammes mortes.

And strange flowers on shelves,
Opening for us under more beautiful skies.
Destroying each other in their final ardors,
Our two hearts will be two large torches,
Which will reflect their double light
In our two spirits, these twin mirrors.
On an evening made of rose and mystical blue,
We shall exchange a single flash of lightning,
Like a long sob heavily charged with parting,
And later an angel, half opening the doors,
Will come, faithful and joyous, to reanimate
The tarnished mirrors and the dead flames.

Les Angelus

Cloches chrétiennes pour les matines,
Sonnant au cœur d'espérer encore!
Angelus angelisés d'aurore!
Las! Où sont vos prières câlines?
Vous étiez de si douces folies!
Et chanterelles d'amours prochaines!
Aujourd'hui souveraine est ma peine,
Et toutes matines abolies.
Je ne vis plus que d'ombre et de soir;
Les las angelus pleurent la mort,
Et là, dans mon cœur résigné, dort
La seule veuve de tout espoir.

The Calls to Angelus

Christian bells for matins,
Ringing to the heart to hope again!
Calls to Angelus, made angelic by the dawn!
Alas! Where are your winning prayers?
You were such sweet follies!
And decoys of coming loves!
Today my grief is sovereign
And all matins are abolished.
I no longer see anything but shadow and evening;
The weary calls to Angelus mourn death,
And there in my resigned heart sleeps
The only widow of all hope.

Dans le Jardin

Je regardais dans le jardin,
Furtif au travers de la haie;
Je t'ai vue, enfant! et soudain,
Mon cœur tressaillit: je t'aimais!
Je m'égratignais aux épines,
Mes doigts saignaient avec les mûres,
Et ma souffrance était divine:
Je voyais ton front de gamine,
Tes cheveux d'or et ton front pur!
Grandette et pourtant puérile,
Coquette d'instinct seulement,
Les yeux bleus ombrés de longs cils,
Qui regardent tout gentiment,
Un corps un peu frêle et charmant,
Une voix de mai, des gestes d'avril!
Je regardais dans le jardin,
Furtif, au travers de la haie;
Je t'ai vue, enfant! et soudain
Mon cœur tressaillit: je t'aimais!

In the Garden

I was looking into the garden,
Furtively through the hedge;
I saw you, child! and suddenly
My heart trembled: I loved you!
I scratched myself on the thorns,
My fingers were bleeding with the berries
And my suffering was divine.
I saw your girlish face,
Your hair of gold and your pure brow!
Grown up and yet childlike,
Coquette by instinct only,
Blue eyes shaded by long lashes,
That look around very prettily,
A body a little frail and charming,
A voice of May, gestures of April!
I was looking into the garden,
Furtively through the hedge;
I saw you, child! and suddenly
My heart trembled: I loved you!

Romance

L'âme évaporée et souffrante,
L'âme douce, l'âme odorante
Des lis divins que j'ai cueillis
Dans le jardin de ta pensée,
Où donc les vents l'ont-ils chassée,
Cette âme adorable des lis?
N'est-il plus un parfum qui reste
De la suavité céleste
Des jours où tu m'enveloppais
D'une vapeur surnaturelle,
Faite d'espoir, d'amour fidèle,
De béatitude et de paix?

Romance

The soul, irresponsible and suffering,
The gentle soul, the fragrant soul,
Of the divine lilies that I have gathered
In the garden of your thought,
Where, then, have the winds chased it,
This adorable soul of the lilies?
Is there no longer a perfume that remains
Of the celestial sweetness,
From the days when you enveloped me
In a supernatural atmosphere
Made of hope, of faithful love,
Of beatitude and of peace?

Les Cloches

Les feuilles s'ouvraient sur le bord des branches,
Délicatement.
Les cloches tintaient, légères et franches,
Dans le ciel clément.
Rythmique et fervent comme une antienne,
Ce lointain appel
Me remémorait la blancheur chrétienne
Des fleurs de l'autel.
Ces cloches parlaient d'heureuses années,
Et, dans le grand bois
Semblaient reverdir les feuilles fanées
Des jours d'autrefois.

The Bells

The leaves were opening along the edges of the branches,
Delicately.
The bells were ringing, lightly and freely,
In the mild sky.
Rhythmical and fervent as an anthem,
That distant call
Reminded me of the Christian whiteness
Of the flowers on the altar.
Those bells were speaking of happy years;
And in the great forest
They seemed to turn green again, those faded leaves
Of days gone by.

En sourdine

Calmes dans le demi-jour
Que les branches hautes font,
Pénétrons bien notre amour
De ce silence profond.
Fondons nos âmes, nos cœurs,
Et nos sens extasiés,
Parmi les vagues langeurs
Des pins et des arbousiers.
Ferme tes yeux à demi,
Croise tes bras sur ton sein,
Et de ton cœur endormi
Chasse à jamais tout dessein.
Laissons-nous persuader
Au souffle berceur et doux
Qui vient à tes pieds rider
Les ondes de gazon roux.
Et quand solennel, le soir
Des chênes noirs tombera,
Voix de notre désespoir,
Le rossignol chantera.

Muted

Calm in the half-light
That the high branches make,
Let our love be penetrated
By this profound silence.
Let us fuse our souls, our hearts
And our ecstatic senses
Amid the vague languors
Of the pines and the arbutus.
Close your eyes halfway,
Cross your arms on your breast,
And from your sleepy heart
Chase forever all design.
Let us be persuaded
By the cradling and soft wind
That comes at your feet to ripple
The waves of russet grass.
And when, solemnly, the evening
Falls from the black oaks,
Voice of our despair,
The nightingale will sing.

Fantoches

Scaramouche et Pulcinella,
Qu'un mauvais dessein rassembla,
Gesticulent noirs sous la lune,
Cependant l'excellent docteur
Bolonais cueille avec lenteur
Des simples parmi l'herbe brune.
Lors sa fille, piquant minois,
Sous la charmille, en tapinois,
Se glisse demi-nue en quête
De son beau pirate espagnol,
Dont un amoureux rossignol
Clame la détresse à tue-tête.

Marionettes

Scaramouche and Pulcinella,
Whom an evil plot brought together,
Gesticulate, black under the moon;
Meanwhile the excellent doctor
From Bologna gathers slowly
Medicinal herbs among the dark grass.
Then his daughter, of a piquant little face,
Under the hedge, on the sly,
Glides half-naked in quest
Of her handsome Spanish pirate,
Whose distress a lovelorn nightingale
Proclaims at the top of its voice.

Clair de lune

Votre âme est un paysage choisi
Que vont charmant masques et bergamasques,
Jouant du luth et dansant, et quasi
Tristes sous leurs déguisements fantasques.
Tout en chantant sur le mode mineur
L'amour vainqueur et la vie opportune,
Ils n'ont pas l'air de croire à leur bonheur,
Et leur chanson se mêle au clair de lune,
Au calme clair de lune triste et beau,
Qui fait rêver les oiseaux dans les arbres,
Et sangloter d'extase les jets d'eau,
Les grands jets d'eau sveltes parmi les marbres.

Moonlight

Your soul is a chosen landscape
Which is charmed by masqueraders and rustic dancers,
Playing the lute and dancing, and almost
Sad beneath their fantastic disguises.
Even while singing in the minor mode
Of victorious love and the opportune life,
They do not seem to believe in their happiness,
And their song mingles with the light of the moon,
With the quiet moonlight, sad and beautiful,
That makes the birds dream in the trees,
And makes the fountains sob with ecstasy,
The tall slender fountains among the marble statues.

La mer est plus belle

La mer est plus belle
Que les cathédrales;
Nourrice fidèle,
Berceuse de râles;
La mer sur qui prie
La Vierge Marie!
Elle a tous les dons,
Terribles et doux.
J'entends ses pardons,
Gronder ses courroux;
Cette immensité
N'a rien d'entêté.
Oh! Si patiente,
Même quand méchante!
Un souffle ami hante
La vague, et nous chante:
"Vous, sans espérance,
Mourez sans souffrance!"
Et puis, sous les cieux
Qui s'y rient plus clairs,
Elle a des airs bleus,
Roses, gris et verts . . .
Plus belle que tous,
Meilleure que nous!

Le son du cor

Le son du cor s'afflige vers les bois
D'une douleur on veut croire orpheline
Qui vient mourir au bas de la colline
Parmi la bise errant en courts abois.
L'âme du loup pleure dans cette voix,
Qui monte avec le soleil, qui décline
D'une agonie on veut croire câline,
Et qui ravit et qui navre à la fois.
Pour faire mieux cette plainte assoupie,
La neige tombe à longs traits de charpie
A travers le couchant sanguinolent,
Et l'air a l'air d'être un soupir d'automne,
Tant il fait doux par ce soir monotone,
Où se dorlote un paysage lent.

L'échelonnement des haies

L'échelonnement des haies
Moutonne à l'infini, mer
Claire dans le brouillard clair,
Qui sent bon les jeunes baies.
Des arbres et des moulins
Sont légers sur le vert tendre,
Où vient s'ébattre et s'étendre
L'agilité des poulains.
Dans ce vague d'un Dimanche,
Voici se jouer aussi
De grandes brebis, aussi
Douces que leur laine blanche.
Tout à l'heure déferlait
L'onde roulée en volutes
De cloches comme des flûtes
Dans le ciel comme du lait.

De rêve

La nuit a des douceurs de femme,
Et les vieux arbres, sous la lune d'or,

The Sea Is More Beautiful

The sea is more beautiful
Than cathedrals;
Faithful wet-nurse,
Cradle-rocker of death rattles;
The sea over which
The Virgin Mary prays!
It has all the gifts,
Terrible and gentle.
I hear its pardons,
Its angers growling;
This immensity
Has no stubbornness.
Oh! so patient,
Even when malicious!
A friendly breeze haunts
The wave and sings to us:
"You, without hope,
Die without suffering!"
And then, under the skies,
Which smile there more brightly,
It looks blue,
Rose, gray and green . . .
More beautiful than all,
Better than us.

The Sound of the Horn

The sound of the horn mourns toward the woods
With a sadness one would believe that of an orphan
Who comes to die at the foot of the hill
Amidst the north wind roving in short gusts.
The soul of the wolf weeps in that voice,
Which rises with the sun, which declines
In an agony that appears caressing,
And which delights and saddens at the same time.
To make this plaint drowsier,
The snow falls in long shreds of linen
Across the blood-red sunset,
And the air seems like a sigh of autumn,
So gentle is it this dull evening,
On which a sluggish countryside pampers itself.

The Row of Hedges

The spreading out of the hedges
Is frothy to infinity, a sea
Clear in the transparent mist,
Which is fragrant with young berries.
Trees and windmills
Are light above the tender green,
Where there come to frolic and stretch
The agile colts.
On this empty Sunday,
Here are also playing
Large sheep, as
Soft as their white wool.
Just now there unfurled
The wave, rolling in spirals,
Of bells like flutes
In the sky like milk.

Of Dream

The night has a woman's tenderness,
And the old trees, under the moon of gold,

Songent à Celle qui vient de passer,
La tête emperlée.
Maintenant navrée, à jamais navrée,
Ils n'ont pas su lui faire signe . . .
Toutes! Elles ont passé:
Les Frêles, les Folles,
Semant leur rire au gazon grêle,
Aux brises frôleuses la caresse charmeuse des hanches fleurissantes.
Hélas, de tout ceci, plus rien qu'un blanc frisson . . .
Les vieux arbres sous la lune d'or
Pleurent leurs belles feuilles d'or!
Nul ne leur dédiera
Plus la fierté des casques d'or,
Maintenant ternis, à jamais ternis:
Les chevaliers sont morts
Sur le chemin du Grâal!
La nuit a des douceurs de femme,
Des mains semblent frôler les âmes,
Mains si folles, si frêles,
Au temps où les épées chantaient pour Elles!
D'étranges soupirs s'élèvent sous les arbres:
Mon âme c'est du rêve ancien qui t'étreint!

Dream of Her who has just passed,
Her head adorned with pearls.
Now grieving, forever grieving,
They knew not how to beckon to her . . .
All the women! They have passed:
The frail, the frantic,
Sowing their laughter to the thin grass,
To the frolicking breezes the enchanting caress of their blooming hips.
Alas! of all this, nothing remains but a pale tremor . . .
The old trees under the moon of gold
Weep for their lovely leaves of gold!
No one will dedicate to them
Again the pride of helmets of gold,
Now tarnished, forever tarnished:
The knights have died
On the road to the Grail!
The night has a woman's tenderness;
Hands seem to lightly touch the souls,
Hands so frantic, so frail,
In the days when swords sang for them!
Strange sighs rise under the trees:
My soul, it is some ancient dream that embraces you!

De grève

Sur la mer les crépuscules tombent,
Soie blanche effilée.
Les vagues comme de petites folles,
Jasent, petites filles sortant de l'école,
Parmi les froufrous de leur robe,
Soie verte irisée!
Les nuages, graves voyageurs,
Se concertent sur le prochain orage,
Et c'est un fond vraiment trop grave
A cette anglaise aquarelle.
Les vagues, les petites vagues,
Ne savent plus où se mettre,
Car voici la méchante averse,
Froufrous de jupes envolées,
Soie verte affolée.
Mais la lune, compatissante à tous,
Vient apaiser ce gris conflit,
Et caresse lentement ses petites amies,
Qui s'offrent, comme lèvres aimantes,
A ce tiède et blanc baiser.
Puis, plus rien . . .
Plus que les cloches attardées des flottantes églises,
Angelus des vagues,
Soie blanche apaisée!

Of Shore

On the sea twilights fall,
Frayed white silk.
The waves like little fools,
Chatter, little girls leaving school,
Amid the swishes of their dress,
Iridescent green silk!
The clouds, grave travelers,
Hold counsel about the next storm,
And it is a background really too solemn
For this English watercolor.
The waves, the little waves,
No longer know where to go,
For here is the malicious downpour,
Swishes of fleeing skirts.
Panic-stricken green silk.
But the moon, compassionate to all,
Comes to pacify this gray conflict,
And caresses slowly its little friends,
Who offer themselves, like loving lips,
To this warm and white kiss.
Then, nothing more . . .
Nothing but the tardy bells of floating churches,
Angelus of waves,
Pacified white silk!

De fleurs

Dans l'ennui si désolément vert
De la serre de douleur,
Les fleurs enlacent mon coeur
De leurs tiges méchantes.
Ah! quand reviendront autour de ma tête
Les chères mains si tendrement désenlaceuses?
Les grands Iris violets
Violèrent méchamment tes yeux
En semblant les refléter, —
Eux, qui furent l'eau du songe
Où plongèrent mes rêves si doucement,
Enclos en leur couleur;
Et les lys, blancs jets d'eau de pistils embaumés,
Ont perdu leur grâce blanche,
Et ne sont plus que pauvres malades sans soleil!

Of Flowers

In the boredom so desolately green
Of the hothouse of grief,
The flowers entwine my heart
With their wicked stems.
Ah! when will they return around my head,
The dear hands so tenderly unbinding?
The big violet irises
Wickedly ravished your eyes
While seeming to reflect them —
They, that were the water of the dream
Into which plunged my dreams so sweetly,
Enclosed in their color;
And the lilies, white fountains of fragrant pistils,
Have lost their white grace,
And are no more than poor invalids without sun!

172

Soleil! ami des fleurs mauvaises,
Tueur de rêves! Tueur d'illusions,
Ce pain béni des âmes misérables!
Venez! Venez! Les mains salvatrices!
Briser les vitres de mensonge,
Briser les vitres de maléfice,
Mon âme meurt de trop de soleil!
Mirages! Plus ne refleurira la joie de mes yeux,
Et mes mains sont lasses de prier,
Mes yeux sont las de pleurer!
Eternellement ce bruit fou
Des pétales noirs de l'ennui,
Tombant goutte à goutte sur ma tête
Dans le vert de la serre de douleur!

Sun! friend of evil flowers,
Killer of dreams! Killer of illusions,
That blessed bread of miserable souls!
Come! Come! Hands of salvation!
Break the glass panes of falsehood.
Break the glass panes of wickedness,
My soul dies from too much sun!
Mirages! no more will joy bloom in my eyes,
And my hands are weary of praying,
My eyes are weary of crying!
Eternally this maddening noise
Of the black petals of boredom,
Falling drop by drop on my head
In the green of the hothouse of grief!

De soir

Dimanche sur les villes,
Dimanche dans les cœurs!
Dimanche chez les petites filles
Chantant d'une voix informée
Des rondes obstinées,
Où de bonnes tours
N'en ont plus que pour quelques jours!
Dimanche, les gares sont folles!
Tout le monde appareille
Pour des banlieues d'aventure,
En se disant adieu
Avec des gestes éperdus!
Dimanche les trains vont vite,
Dévorés par d'insatiables tunnels;
Et les bons signaux des routes
Echangent d'un œil unique,
Des impressions toutes mécaniques.
Dimanche, dans le bleu de mes rêves,
Où mes pensées tristes
De feux d'artifice manqués
Ne veulent plus quitter
Le deuil de vieux Dimanches trépassés.
Et la nuit, à pas de velours,
Vient endormir le beau ciel fatigué,
Et c'est Dimanche dans les avenues d'étoiles;
La Vierge or sur argent
Laisse tomber les fleurs de sommeil!
Vite, les petits anges,
Dépassez les hirondelles
Afin de vous coucher
Forts d'absolution!
Prenez pitié des villes,
Prenez pitié des cœurs,
Vous, la Vierge or sur argent!

Of Evening

Sunday in the cities,
Sunday in the hearts!
Sunday with little girls
Singing in an unformed voice
Unchanging rounds
In which good towers
Have only a few days left!
Sunday, the stations are mad!
Everyone is on the way
To some random suburbs,
Saying goodbye
With distracted gestures!
Sunday, the trains go fast,
Devoured by insatiable tunnels;
And the good signals on the roads
Exchange with a single eye
Impressions entirely mechanical.
Sunday, in the blue of my dreams,
In which my sad thoughts
Of unsuccessful fireworks
No longer want to stop
Mourning for old departed Sundays.
And the night, with velvet steps,
Comes to put to sleep the beautiful tired sky,
And it is Sunday in the avenues of stars;
The Virgin of gold on silver
Lets fall the flowers of sleep!
Quick, little angels,
Overtake the swallows
So you may go to bed
Assured of absolution!
Take pity on the cities,
Take pity on the hearts,
You, Virgin of gold on silver!

La flûte de Pan

Pour le jour des Hyacinthies, il m'a donné une syrinx faite de roseaux bien taillés, unis avec la blanche cire qui est douce à mes lèvres comme le miel. Il m'apprend à jouer, assise sur ses genoux; mais je suis un peu tremblante. Il en joue après moi, si doucement que je l'entends à peine. Nous n'avons rien à nous dire, tant nous sommes près l'un de l'autre; mais nos chansons veulent se répondre, et tour à tour nos bouches s'unissent sur la flûte. Il est tard; voici le chant des grenouilles vertes qui commence avec la nuit. Ma mère ne croira jamais que je suis restée si longtemps à chercher ma ceinture perdue.

The Flute of Pan

For the holiday of the Hyacinthia he gave me a pipe made of well-cut reeds, joined together with the white wax that is sweet to my lips as honey. He teaches me to play, seated on his knees; but I am trembling a little. He plays it after me, so softly that I hardly hear it. We have nothing to say to each other, so close are we to one another; but our songs want to answer each other, and by turns our mouths come together on the flute. It is late; here is the song of the green frogs which begins at nightfall. My mother will never believe that I have stayed so long to search for my lost belt.

La Chevelure

Il m'a dit: "Cette nuit, j'ai rêvé. J'avais ta chevelure autour de mon cou. J'avais tes cheveux comme un collier noir autour de ma nuque et sur ma poitrine. Je les caressais, et c'étaient les miens; et nous étions liés pour toujours ainsi, par la même chevelure, la bouche sur la bouche, ainsi que deux lauriers n'ont souvent qu'une racine. Et peu à peu, il m'a semblé, tant nos membres étaient confondus, que je devenais toi-même, ou que tu entrais en moi comme mon songe." Quand il eut achevé, il mit doucement ses mains sur mes épaules, et il me regarda d'un regard si tendre, que je baissai les yeux avec un frisson.

The Tresses

He said to me: "Last night I dreamed. I had your tresses around my neck. I had your hair like a black necklace around the nape of my neck and on my chest. I caressed it and it was mine; and we were bound forever thus, by the same tresses, mouth on mouth, just as two laurel trees often have only a single root. And little by little, it seemed to me, so intermingled were our limbs that I became you or you entered into me like my dream." When he finished, he gently put his hands on my shoulders, and he looked at me with a look so tender that I lowered my eyes with a shiver.

Le tombeau des naïades

Le long du bois couvert de givre, je marchais; mes cheveux devant ma bouche se fleurissaient de petits glaçons, et mes sandales étaient lourdes de neige fangeuse et tassée. Il me dit: "Que cherches-tu? — Je suis la trace du satyre. Ses petits pas fourchus alternent comme des trous dans un manteau blanc." Il me dit: "Les satyres sont morts. Les satyres et les nymphes aussi. Depuis trente ans, il n'a pas fait un hiver aussi terrible. La trace que tu vois est celle d'un bouc. Mais restons ici, où est leur tombeau." Et avec le fer de sa houe il cassa la glace de la source où jadis riaient les naïades. Il prenait de grands morceaux froids, et les soulevant vers le ciel pâle, il regardait au travers.

The Tomb of the Naiads

Along the wood covered with frost, I walked; my hair in front of my mouth was decorated with little icicles, and my sandals were heavy with muddy, packed snow. He said to me: "What are you seeking?" "I am following the trail of the satyr. His little cloven hoofs alternate like holes in a white mantle." He said to me: "The satyrs are dead. The satyrs and the nymphs also. For thirty years there has not been a winter so terrible. The trail that you see is that of a buck. But let us remain here, where their tomb is." And with the iron of his hoe he broke the ice of the spring where once the naiads laughed. He took large cold pieces and, raising them toward the pale sky, he looked through them.

Rondel

Le temps a laissié son manteau
De vent, de froidure et de pluye,
Et s'est vestu de broderye,
De soleil riant, cler et beau.
Il n'y a beste ne oiseau
Qui en son jargon ne chante ou crye:
Le temps a laissié son manteau.
Rivière, fontaine et ruisseau
Portent en livrée jolye
Goultes d'argent d'orfaverie,
Chacun s'abille de nouveau,
Le temps a laissié son manteau.

Rondel

The weather has cast off its mantle
Of wind, of cold and of rain,
And has dressed itself in embroidery,
In shining sun, clear and beautiful.
There is neither beast nor bird
Which in its jargon does not sing or cry:
The weather has cast off its mantle.
River, fountain and stream
Wear as fine livery
Drops of silver jewelry.
Each dresses itself anew;
The weather has cast off its mantle.

La Grotte

Auprès de cette grotte sombre
Où l'on respire un air si doux,
L'onde lutte avec les cailloux
Et la lumière avecque l'ombre.
Ces flots, lassés de l'exercice
Qu'ils ont fait dessus ce gravier,
Se reposent dans ce vivier
Où mourût autrefois Narcisse . . .
L'ombre de cette fleur vermeille
Et celle de ces joncs pendants
Paraissent estre là dedans
Les songes de l'eau qui sommeille.

The Grotto

Near that dark grotto
Where one breathes an atmosphere so calm,
The water struggles with the pebbles
And the light with the shade.
These waves, weary from the exercise
That they performed on this gravel,
Are resting in this pond
Where once Narcissus died . . .
The shadow of that vermilion flower
And that of those hanging rushes
Seem to be there within
The dreams of the sleeping water.

Rondel

Pour ce que Plaisance est morte
Ce may, suis vestu de noir;
C'est grand pitié de veoir
Mon cœur qui s'en desconforte.
Je m'abille de la sorte
Que doy, pour faire devoir;
Pour ce que Plaisance est morte,
Ce may, suis vestu de noir.

Rondel

Because Pleasure is dead,
This May Day I am dressed in black;
It is a great pity to see
My heart which is discomfited because of it.
I dress myself in a way
That is suitable, from a sense of duty;
Because Pleasure is dead,
This May Day I am dressed in black.

Le temps ces nouvelles porte
Qui ne veut déduit avoir;
Mais par force du plouvoir
Fait des champs clore la porte,
Pour ce que Plaisance est morte.

Les ingénus

Les hauts talons luttaient avec les longues jupes,
En sorte que, selon le terrain et le vent,
Parfois luisaient des bas de jambes, trop souvent
Interceptés! et nous aimions ce jeu de dupes.
Parfois aussi le dard d'un insecte jaloux
Inquiétait le col des belles sous les branches,
Et c'étaient des éclairs soudains de nuques blanches.
Et ce régal comblait nos jeunes yeux de fous.
Le soir tombait, un soir équivoque d'automne:
Les belles, se pendant rêveuses à nos bras,
Dirent alors des mots si spécieux, tout bas,
Que notre âme depuis ce temps tremble et s'étonne.

Le Faune

Un vieux faune de terre cuite
Rit au centre des boulingrins,
Présageant sans doute une suite
Mauvaise à ces instants sereins
Qui m'ont conduit et t'ont conduite,
Mélancoliques pèlerins,
Jusqu'à cette heure dont la fuite
Tournoie au son de tambourins.

Colloque sentimental

Dans le vieux parc solitaire et glacé
Deux formes ont tout à l'heure passé.
Leurs yeux sont morts et leurs lèvres sont molles,
Et l'on entend à peine leurs paroles.
Dans le vieux parc solitaire et glacé
Deux spectres ont évoqué le passé.
—Te souvient-il de notre extase ancienne?
—Pourquoi voulez-vous donc qu'il m'en souvienne?
—Ton cœur bat-il toujours à mon seul nom?
Toujours vois-tu mon âme en rêve? —Non.
—Ah! les beaux jours de bonheur indicible
Où nous joignions nos bouches! —C'est possible.
—Qu'il était bleu, le ciel, et grand l'espoir!
—L'espoir a fui, vaincu, vers le ciel noir.
Tels ils marchaient dans les avoines folles,
Et la nuit seule entendit leurs paroles.

The weather brings this news
And wants no diversion,
But by means of the rain
Seals off our access to the countryside,
Because Pleasure is dead.

The Unsophisticated Lovers

The high heels struggled with the long skirts,
So that, depending on the terrain and the wind,
Sometimes there was a gleam of lower leg, too often
Intercepted! And we loved that game of dupes.
Sometimes also the sting of a jealous insect
Troubled the neck of the beauties under the branches,
And there were sudden flashes of white napes.
And this treat was heavenly to our foolish young eyes.
Evening would fall, an equivocal autumn evening:
The beauties, dreamily hanging on our arms,
Then said words so specious, very softly,
That our soul since that time trembles and is astonished.

The Faun

An old faun of terra-cotta
Laughs in the center of the lawn,
Doubtless presaging an unhappy
Sequel for those serene instants
Which have led me and led you,
Melancholy pilgrims,
Up to this hour, whose flight
Swirls to the sound of tabors.

Sentimental Colloquy

In the old park, solitary and icy,
Two forms have just passed by.
Their eyes are dead and their lips are slack,
And one hardly hears their words.
In the old park, solitary and icy,
Two specters have evoked the past.
"Do you remember our former ecstasy?"
"Why do you want me to remember it?"
"Does your heart still beat merely when hearing my name?
Do you still see my soul in your dreams?" "No."
"Ah! the lovely days of inexpressible happiness
When we used to join our lips!" "It is possible."
"How blue it was, the sky, and how great the hope!"
"Hope has fled, vanquished, toward the black sky."
Thus they walked in the wild oat-grass,
And only the night heard their words.